DUMONT EXTRA

San Francisco

Jean-Claude Kuner

Inhalt

Welc

Sie sind am Pazifik gelandet, am Rande der westlichen Welt. In einer amerikanischen Großstadt, die ein ganz eigenes, entspanntes Tempo und Profil hat. Wo Freundlichkeit und Spaß regieren, wo die ganze Welt auf einer Halbinsel zusammengedrängt koexistiert. Wo jeder Hügel, jede berühmte Hotelbar Tag und Nacht mit einer Aus-

ome!

sicht aufwarten kann, die Weltklasse besitzt. Wo lange Strandspaziergänge nur wenige Minuten von der Stadt entfernt auf Sie warten. Wo Musik und Kunst, Geschäfte und Nachtleben das Beste zu bieten haben. Wo Kreativität und Lebensfreude einen besonderen Platz einnehmen. Wo Ihre Entdeckerlust schließlich gefordert ist …

San Francisco „... eine goldene Handschelle ...“

Die Brandung wirft weiße Gischt auf, bevor die Wellen des Pazifik am Strand von Ocean Beach auslaufen. In der Ferne zieht der Nebel vom Meer her langsam durch das Golden Gate in die San Francisco Bay. Sie haben ihn verpaßt, die ersten Welteroberer, diesen Eingang in die weite Bucht, und segelten ruhig weiter. – Man sieht eben nur, was man weiß. – Die Stadt erstreckt sich über 43 Hügel, Rom nur über sieben. Die regelmäßigen Häuserreihen überziehen diese wie Adern und verlieren sich hinter dem Horizont. Weiß schimmern die kleinen Häuser in der Mittagssonne. Und fehlte nicht das Hitzeflimmern, man glaubte sich irgendwo im südlichen Mittelmeer. Hier und da lugt eine Palme zwischen den Dächern hervor, Bougainvillea und Rosensträucher ranken sich üppig um die Häuser, daneben Eukalyptusbäume, die ihren Duft an den starken Wind abgeben. Die Luft riecht gut in San Francisco – und nicht wie in anderen Großstädten nach Abgasen und Staub. Es riecht nach Meer, nach Erde, nach Blumen und Bäumen.

Das Tosen des Pazifik hören die Bewohner von San Francisco das ganze Jahr über. Nicht nur in den Ferien. Kalt ist er. Nur Waghalsige, Abenteuerlustige reißen sich die Kleider vom Leibe und riskieren das erfrischende Bad. Die anderen spazieren am kilometerlangen Strand entlang und erholen sich so. Am Rande des Kontinents, am Rande der westlichen Welt lebt es sich gut. San Francisco ist eine Stadt der Individualisten, Erneuerer und Trendsetter. Attraktiv für die Intelligenzija, die an den großen Universitäten zu tun hat, in Berkeley, Stanford und San Francisco.

Provinziell ist ein schändlicher Begriff. San Francisco sei es, mag schnöde und herablassend ein New Yorker denken. Klein, schön und provinziell. Das kann nur jemand auf Stippvisite behaupten, jemand, der es eilig hat. In Kalifornien, da sind die Menschen eben etwas anders. Man nimmt sich Zeit, lächelt sich zu. Freundlichkeit ist hier noch keine Seltenheitsware. Man sucht, öffnet sich, will sich entwickeln. Der schnell Reisende sieht nur bruchstückhaft das Gesamte, der langsam Reisende die einzelnen Details, aus denen das Ganze sich erst zusammensetzt. San Francisco ist zwar Fisherman's Wharf, *ist* der touristische Downtown-Bereich mit seinen Obdach-

Nicht nur New York: ***melting pot of nations***

losen, Neppläden und mittelmäßigen Restaurants, seinen edlen Warenhäusern und Giorgio Armani-Ablegern – doch auch viel mehr. Mit 725 000 Einwohnern (ca. 6. Mio. in der Bay Area) ist es im Vergleich zu anderen Metropolen dieser Welt eher klein. Was sich hier abspielt, hat aber dennoch Format. New York gilt als der *melting pot* Amerikas, San Francisco hinkt da nicht hinterher. Über 28 % der Bevölkerung sind asiatischer Herkunft, fast 15 % Latinos. Sie prägen die Halbinsel auf ihre Weise.

Erinnerungen häufen sich in dieser Stadt. Erinnerungen an die verschiedenen Bewegungen, die positive Turbulenzen in die Welt gebracht und sich manchmal auch ins Extrem pervertiert haben wie bei dem strikten Rauchverbot in den Straßencafés in Berkeley. Erinnerungen an den Krieg, in dem San Francisco der wichtigste Hafen für die Operationen im Pazifik wurde. An 1945, als hier die Charta der Vereinten Nationen unterzeichnet wurde. Erinnerungen an den Goldrausch von 1848, der die Stadt schnell wachsen ließ – in einem Jahr von 600 auf 25 000 Einwohner. In dessen Folge Korruption und Gewalt einzogen und San Francisco schließlich für lange Zeit den Ruf einer Lotterstadt bescherten. Erinnerungen auch an Katastrophen wie das große Erdbeben von 1906, mit einer Stärke von 8,25 auf der nach oben offenen Richterskala. 670 Tote wurden gezählt, 28 000 Häuser vernichtet, 250 000 Menschen obdachlos. Die Stadt war ruiniert.

Aber sie gab nicht klein bei. Nur wenige Jahre später, 1915, eröffnet die Panama-Pazifik-Ausstellung ihre Pforten. San Francisco steigt wie ein Phoenix aus der Asche. Schöner denn je. Die Reichen wohnen nun vornehmst auf den hohen Hügeln von Pacific Heights, von wo sich eines der schönsten Panoramen der Welt bietet. Auf die Brücke aller Brücken, die 1937 eingeweihte Golden Gate Bridge. Laut Voraussagen müßte der *Big One* in den nächsten 30 Jahren die Stadt erschüttern. Das große Beben, das stärker und zerstörerischer sein soll als alle zuvor. Das Wissen darum, die Angst davor hängen über San Francisco. Die Grundstückspreise schnellen trotzdem in die Höhe. Die Mieten haben Hochkonjunktur.

San Francisco ist begehrt. Unter den amerikanischen Städten rangiert es trotz Erdbebengefahr seit Jahren in der Beliebtheitsskala an erster Stelle, international nach Sidney, Florenz und Rom auf Platz vier, in bezug auf die Kochkünste steht es mit Paris nahezu punktgleich. Schönheit und Attraktivität verdrängen die Angst und verführen zum Hierbleiben. San Francisco »*is a golden handcuff with the key thrown away*« (John Steinbeck).

»Wer die Berkeley Bowl gesehen hat, der weiß, daß er hier nicht im kulinarischen Niemandsland gelandet ist«, sagt der französische Meisterkoch Alain Rondelli. Die Markthalle in Berkeley ist tatsächlich gigantisch. Hier gibt es alles. Das Beste und Frischeste. Das, was den Restaurants der Stadt also ganzjährig zur Verfügung steht. Mit mehr als 3000 Gaststätten hat San Francisco eine Restaurantdichte erreicht, die ihresgleichen sucht. Die Konkurrenz unter den Köchen ist dementsprechend, wovon der Gast nur profitiert. Es schmeckt hier so gut, daß alle Vorurteile des Europäers gegenüber dem amerikanischen Essen wie im Nu verfliegen – Sushi und Tacos, Burger und pazifische Meeresfrüchte verlocken zu sehr.

Über all den Tragödien, den Ängsten, den Visionen, Trends und Bewegungen, die diese Stadt ergriffen haben, scheint unabänderlich die Sonne. Einzigartig ist das Wetter, das die einen schätzen, während es von den anderen verspottet wird: »Der kälteste Winter, den ich je verbracht habe, war der Sommer in San Francisco,« meinte Mark Twain.

Wo läßt sich denn sonst bei angenehmsten Temperaturen flanieren, bevor der kühle Nebel im Sommer vom Meer her über die

Stadt zieht? Wo leben in einer städtischen Umgebung Menschen und Pflanzen in klarer und angenehmer Luft besser als hier, wo starke Winde durch die Stadt fegen und sie von Abgasen und Schmutz befreien? Und welche andere Stadt bietet dem Bewohner das Gefühl, an einem Ferienort zu leben wie San Francisco mit seinen heimeligen viktorianischen Holzhäusern und üppigen Gärten, seinen gigantischen Aussichten und zauberhaften Hintertreppenwegen, seinen nahezu tropischen Parks und Sandstränden? Mit dem Licht, das die Stadt vor allem in den späten Nachmittagsstunden in goldene Farben taucht und schöne lange Schatten wirft, bis die Nacht schließlich hereinbricht und das Lichtermeer des Financial District

›Photostars‹ ohne jede Konkurrenz: die *painted ladies*

mit dem Sternenhimmel darüber in Konkurrenz tritt?

Nun beginnt das Nachtleben. Ob man in der Hotelbar des Mark Hopkins in gediegener Atmosphäre hoch über den Dächern der Stadt tanzen oder in den Musikclubs South of Market dem Retro-Gefühl eines Jazz-Clubs der 40er oder 50er Jahre des 20. Jh. im Stile der 90er nachhängen oder im liquid zu Techno, HipHop oder Djungle tanzen will – San Francisco überrascht und wird dem Ruf einer Metropole mehr als gerecht. Überrascht mit der Qualität des hier Gebotenen. Mit einer Szene, die die Nase vorne hat. Mit einer Offenheit und Liberalität, die in anderen Städten der USA in letzter Zeit verloren zu gehen scheint.

Und wenn den einen oder anderen die vielen Obdachlosen in der unteren Market Street stören sollten, dann darf er dabei nicht vergessen, daß sie dort sind, weil sich ein großer Teil der Bevölkerung für sie einsetzt. San Francisco ist eine Stadt mit Minderheiten, die auf ihre Rechte aufmerksam machen, eine Stadt mit einem proportional hohen Anteil an gut ausgebildeten Leuten, die ihrem Mißmut, aber auch ihrer Freude sehr genau Ausdruck zu verleihen verstehen. Sie sind wachsame Bürger, die Recht, Freiheit und fundamentale erneuernde Veränderungen des Lebens sich und dem Rest der Welt immer wieder vorleben wollen. Und dabei nicht vergessen, im Leben auch stets *fun* zu haben.

Geschichte

Prägten lange das Straßenbild: Kriegsveteranen aus Vietnam

ca. 25 000 v. Chr. Asiatische Volksstämme wandern über die Beringstraße nach Amerika ein.

1518–1530 Die Spanier entdecken Mexiko und unterwerfen weite Teile Mittel- und Südamerikas.

1579 Sir Francis Drake geht bei Point Reyes an Land.

ab 1770 Die Franziskaner, die die Christianisierung Kaliforniens betreiben, errichten 21 Missionen entlang des 1000 km langen *Camino Real*, der sich von San Diego bis nach Sonoma County erstreckt.

1775/76 Die ersten Spanier siedeln in der Bucht. Gründung des Presidio am 17. September 1776.

1821 Mexiko erklärt seine Unabhängigkeit von Spanien. Kalifornien gerät unter mexikanische Verwaltung und gehört ab 1825 ganz zu Spanien.

1835 Der englische Kapitän William Richardson gründet eine Siedlung mit dem Namen Yerba Buena (›Gutes Kraut‹), aus der später San Francisco hervorgeht.

1846 Präsident James Polk erklärt Mexiko am 13. Mai den Krieg. Im Zuge der Bear Flag Rebellion kapitulieren die Besatzer, die unabhängige Republik Kalifornien wird ausgerufen.

1848 Im American River wird Gold entdeckt, was das Leben in San Francisco grundlegend verändert. Die

	Einwohnerzahl steigt in einem Jahr von 600 auf über 25 000 an. Korruption und Kriminalität gehören zum Alltag. 1854 neigt sich der Goldrausch seinem Ende zu. Die Goldadern versiegen.
1850	Kalifornien wird 31. Bundesstaat der USA.
1873	Die erste Cable Car nimmt den Betrieb auf.
1877–82	Die Arbeitslosigkeit fördert antichinesische Demonstrationen und Plünderungen in Chinatown, die 1882 mit der Chinese Exclusion Act ihren Abschluß finden. Chinesen wird die Einwanderung für die nächsten zehn Jahre untersagt.
1906	Am 18. April erschüttert ein gewaltiges Erdbeben die Stadt. Schreckliche Bilanz des Bebens: 670 Tote, 250 000 Obdachlose und 28 000 zerstörte Häuser.
1937	Einweihung der Golden Gate Bridge. Zur Feier wird die damals größte künstliche Insel der Welt, Treasure Island, erbaut, um dort 1939/40 die Golden Gate International Exposition zu veranstalten.
1945	Unterzeichnung der UN-Charta in San Francisco.
1960–1967	Beat- und Hippie-Bewegungen ziehen immer mehr Menschen in die tolerante Stadt. 1967 große Friedensmärsche gegen den Vietnam-Krieg.
1978	Attentate auf Stadtrat Milk, der sich als einer der ersten amerikanischen Politiker öffentlich zu seiner Homosexualität bekennt, und Bürgermeister Moscone. Das zu milde Urteil für den Doppelmörder führt zur *White Night*, in der sich Demonstranten und Polizei Straßenschlachten liefern.
1983	Das Thema Aids rückt in die öffentliche Aufmerksamkeit. Beispielhaft für den Rest der Welt informieren die betroffenen Gruppen über die Krankheit und organisieren Hilfe für Erkrankte.
1998	City Hall wird nach langjährigen Restaurierungsarbeiten wieder eröffnet.
2000	Der San Francisco International Airport erhält einen erheblich erweiterten neuen internationalen Terminal.

Gut zu wissen!

Einkaufen: Auf sämtliche Preise wird eine Mehrwertsteuer erhoben, die in Kalifornien zur Zeit 8,5 % und für Hotelzimmer 14 % beträgt und meist noch nicht im Preis enthalten ist. Läßt man sich Waren ins Ausland schicken, kann die Mehrwertsteuer erlassen werden. Unbedingt nachfragen.

Erdbeben: Bei einem Beben ist die größte Gefahr, von herunterstürzenden Objekten erschlagen zu werden. In Innenräumen bieten Türrahmen oder ein solider Tisch den besten Unterschlupf. Möglichst nicht auf die Straße gehen, wo Masten, Elektroleitungen oder Trümmer große Gefahren bergen. Im Freien von Häusern, Bäumen, Masten etc. entfernt halten.

HIV: HIV-infizierten Personen kann die Einreise verweigert werden. Wer also auf dem Visa-Antrag die Frage, ob er »einer ansteckenden Krankheit mit Bedeutung für das öffentliche Wohl« ausgesetzt gewesen sei, mit »Ja« beantwortet, riskiert die Abweisung. Wie überall gilt: Wer sexuelle Kontakte genießen will, sollte die Kondome nicht vergessen!

Kaffee: Der normale amerikanische Kaffee wird in den meisten Coffeeshops nach der ersten Tasse unentgeltlich nachgefüllt – so oft man möchte.

Krankenversicherung: In den USA müssen Sie Kosten im Krankheitsfall selbst übernehmen. Die gesetzlichen Krankenkassen zu Hause erstatten sie nicht. Es ist unbedingt anzuraten eine zusätzliche Auslandskrankenversicherung abzuschließen (zw. 10 und 18 DM, ein Jahr gültig).

Parken: An den Abhängen die Räder herausstellen, wenn man bergauf steht; zum Bürgersteig kurbeln, wenn man bergab parkt. Wer nicht andauernd Strafzettel bekommen will, die in San Francisco gerne und häufig verteilt werden, sollte einiges beachten. Die Farben am Straßenrand haben exakte Bedeutungen: Rot = absolutes Halte- und Parkverbot, Gelb = halbe Std. Aus- und Einladen für Geschäftswagen, Gelb-Schwarz = halbe Std. Aus- und Einladen für Lkws, Grün-Gelb-Schwarz = Taxistandplatz, Blau = Schwerbehindertenparkplatz mit kalifornischem Ausweis, Grün = 10 Min. Halteerlaubnis für alle Fahrzeuge, Weiß = 5 Min. Halteerlaubnis während der Geschäftszeiten. Absolutes Parkverbot immer da, wo Hydranten stehen. – Auf einen Nenner gebracht: Parken ist kompliziert und kann teuer werden.

Rauchen: Seit 1998 ist Rauchen in öffentlichen Räumen in Kalifornien ganz verboten – auch in Bars.

Restaurants: Rauchen ist untersagt. Wer seinen Nikotingehalt regulieren muß, tritt einfach vor die

So gut die Werbung auch ist, Raucher wird sie ärgern – im ›Land der vielen Freiheiten‹ ist der Griff zum Glimmstengel verpönt

Tür. Wer Geburtstag hat, sollte das dem Kellner sagen und sich überraschen lassen. Wein mitzubringen ist meist erlaubt, allerdings wird ein Korkengeld berechnet, je nach Etablissement $ 8–25 pro Flasche (am besten beim Reservieren erfragen). Die kleinen Tüten, die einige Gäste mit nach Hause nehmen, sind die sogenannten *doggy bags*: Was auf dem Teller liegenbleibt, wird von den Kellnern ganz selbstverständlich eingepackt – allerdings nur auf Verlangen (s. auch Trinkgeld).

Trinkgeld: Die Handhabung in den USA ist für Europäer ungewohnt. Der *tip* ist nicht im Preis enthalten, und der Verdienst des Personals bei einem Stundenlohn von nur $ 4,75 besteht im wesentlichen aus dem Trinkgeld.

Im Restaurant werden 15–20 % Trinkgeld erwartet (einfache Regel: die *tax* der Rechnung verdoppeln). Bei Tischen ab sechs Personen darf das Trinkgeld bereits auf der Rechnung stehen. In manchen von Touristen besuchten Restaurants wird das Trinkgeld unerlaubterweise und ohne Hinweis mit auf die Rechnung gesetzt. Aufgepaßt also, denn das entspricht nicht den üblichen Gepflogenheiten und sollte beanstandet werden. Ist der Service nicht zufriedenstellend, können Sie das Trinkgeld reduzieren.

Im Taxi werden 10 % vom Fahrpreis, im Hotel und am Flughafen $ 1 pro Gepäckstück erwartet. Bei Valet Parking $ 2, aber erst, nachdem Sie Ihren Wagen zurückerhalten haben.

Vergünstigungen: Der **San Francisco City Pass**, gültig für 7 Tage (Erw. $ 19.95, Senioren ab 65 $ 17.95), ermöglicht Eintritte zu diversen Museen und Attraktionen zum halben Preis (zu kaufen u. a. im Museum of Modern Art, Blue & Gold Fleet Bay Cruise und dem Exploratorium). Das **Entertainment Book San Francisco** für $ 40 (vom 1. Sept. an ein Jahr gültig) verbilligt Restaurantbesuche, Hotels, Flüge und diverse Attraktionen (zu beziehen: Entertainment Books, 1025 Grandview Drive, S.F., CA 94080, Tel. 650-873-1975, Fax 650-873-1978).

Sprachführer

Die USA sind seit Jahrhunderten ein Immigrantenland. Keine Angst also vor einem Akzent. Daran werden Fremde zwar erkannt, heimsen aber auch viel Sympathie ein.

Für den der englischen Sprache ganz Unkundigen können die folgenden Redewendungen eine Hilfestellung sein (s. auch Kulinarischer Sprachführer S. 33).

Im Hotel

air conditioning	Klimaanlage
baggage/luggage	Gepäck
breakfast included	mit Frühstück
check out	Zimmer räumen
discount	Ermäßigung
emergency exit	Notausgang
first floor	Parterre
fully booked	völlig ausgebucht
King/Queen size bed	Einzel-/Doppelbett
laundry	Wäsche
maid	Zimmermädchen
plug	Stecker
private bath	eigenes Badezimmer
reception	Empfang
room service	Zimmerservice
shower	Dusche
single/double	Einzel/Doppel
sink	Waschbecken
sheet	Bettlaken
towel	Handtuch

Im Restaurant

appetizer	Vorspeise
bill	Rechnung
breakfast	Frühstück
brunch	spätes Frühstück am Sonntag
check	Rechnung
corkage	Korkengeld
dinner	Abendessen
doggy bag	höfliche Umschreibung für das Einpacken übriggebliebenen Essens
entree	Hauptgang – *nicht* Vorspeise
lunch	Mittagessen
restroom/bathroom	Toilette
tax	MwSt.
tip	Trinkgeld

Zahlen

0	zero	21	twenty-one
1	one	22	twenty-two usw.
2	two	30	thirty
3	three	31	thirty-one
4	four	40	forty
5	five	50	fifty
6	six	60	sixty
7	seven	70	seventy
8	eight	80	eighty
9	nine	90	ninety
10	ten	100	a (one) hundred
11	eleven	101	a hundred and one
12	twelve	110	a hundred and ten
13	thirteen	200	two hundred
14	fourteen	482	four hundred and eighty-two
15	fifteen		
16	sixteen		
17	seventeen		
18	eighteen		
19	nineteen		
20	twenty		

Wichtige Sätze im Alltag

How are you doing?/How are you today?	Wie geht es Ihnen? – *Floskel, die nicht zum Erzählen der eigenen Lebensgeschichte auffordert!*
Good, and you?	Gut, und Ihnen? – *Reicht völlig als Antwort.*
Excuse me.	Entschuldigen Sie.
I'm from …	Ich komme aus …
I'm sorry.	Tut mir leid. – *Oft und gerne gesagt – lieber zu oft, als zu wenig.*
Nice to meet you.	Freut mich, Sie kennenzulernen.
What's your name?	Wie heißen Sie?
Where are you from?	Woher kommen Sie?
Which country are you from?	Aus welchem Land kommen Sie?
It was nice meeting you/talking to you.	Es hat mich gefreut, Sie kennengelernt zu haben.
Do you have any vacancies?	Haben Sie Zimmer frei?
I have a reservation for …	Ich habe unter … reserviert.
Is there a message for me?/Can I leave a message for …	Gibt es eine Nachricht für mich?/ Kann ich eine Nachricht für … hinterlassen?
How do I make a phone call?	Wie kann ich telefonieren?
How much does it cost?	Wieviel kostet es?
May I have the check, please?	Die Rechnung, bitte.
Have a safe trip!	Gute Reise!
To stay or to go?	Zum Hieressen oder -trinken oder zum Mitnehmen?
Wait to be seated.	Warten Sie, bis Sie an Ihren Platz begleitet werden.
What kind of dressing would you like for your salad?	Welche Salatsauce möchten Sie? – *meist Vinaigrette, Blue Cheese oder Thousand Islands.*
White, whole wheat, rye or roll?	Weißbrot, Vollkorn, mit Kümmel, oder Brötchen?
Smoking or non smoking?	Raucher oder Nichtraucher?
I don't feel well.	Ich fühle mich nicht wohl.

Im Krankheitsfall

ambulance	Krankenwagen
blood	Blut
dentist	Zahnarzt
emergency	Notfall
fever	Fieber
gynecologist	Frauenarzt
headache	Kopfschmerzen
hospital	Krankenhaus
infection	Entzündung
injury	Verletzung
medication	Medizin
pain	Schmerz
pharmacy	Apotheke
prescription	Rezept
sleeping pill	Schlaftablette

Auskunft

Ein Fremdenverkehrsamt der USA gibt es in Deutschland nicht mehr.

Visitor's Information Center (K 4)
Hallidie Plaza (Powell St./ unterer Level)
Tel. 391-2000, 391-2004 (Tonbandansage auf Deutsch)
Mo–Fr 9–17, Sa und So 9–15
http://www.sfvisitor.org
Muni F, J, K, L, M, N, BART: Powell St., Bus 6, 7, 9, 21, 27, 31, 66, 71
Hier erhält man alle notwendigen Informationen, Prospekte, Stadtpläne und Auskünfte.

San Francisco Convention and Visitors Bureau (L 4)
201 3rd St. (nahe Howard St.)
Tel. 974-6900
Mo–Fr 8.30–17 Uhr
Muni F, J, K, L, M, N, BART: Montgomery St., Bus 12, 30, 45, 76
Informationen zu Hotels und Restaurants sowie Einkaufsmöglichkeiten.

... im Internet

http://www.dumont.de
http://gocalif.ca.gov
http://www.timeout.com/sanfrancisco

Stadtmagazine

In den meisten Coffee Shops, Bars, Geschäften und auf der Straße liegen Gratiszeitschriften aus, die wöchentlich erscheinen und eine Fülle an Informationen enthalten, u. a. »SF Weekly«, »Guardian«, »BAM«.

Reisezeit

»Das Wetter ist entweder schön oder unberechenbar« – so der Kommentar der Einheimischen. Die Stadt hat ein ausgesprochen moderates Klima. Im Winter, der von Dezember bis März regnerisch sein kann, fällt das Thermometer kaum je unter 4 °C und im trockenen Sommer übersteigt es selten 25 °C, sorgt also für angenehmstes Reisewetter – während es auf der anderen Seite der Bay über 35 °C werden kann. Im Sommer zieht ein heißer Tag im Inland den Nebel vom Meer in die Stadt und verursacht plötzliche Temperaturstürze (deshalb immer einen Pullover oder eine Jacke mitnehmen), während die Temperaturunterschiede zwischen Wasser und Land im Winter weniger kraß sind und sich deshalb nicht so viel Nebel entwickelt.

Einreise

Bürger aus Deutschland, der Schweiz und Österreich, die einen gültigen Reisepaß und ein Rück- oder Weiterflugticket haben, erhalten ihr **Visum** bei der Einreise in die USA. Die Visumanträge – sowie das Formular für die Zollerklärung – erhält man im Flugzeug. Ein Touristenvisum ist drei Monate gültig. Längere Visa erteilen die US-Konsulate (zu HIV s. S. 12).

Die Einreise erfolgt am ersten Zielflughafen innerhalb der USA, auch wenn Sie gleich weiter nach San Francisco fliegen. Nach der Erledigung der Einreiseformalitäten und dem Passieren des Zolls wird das Gepäck sofort wieder eingecheckt. Weitere Informationen zu den Einreisebestimmungen geben die US-Botschaften.

Zollbestimmungen: Die Einfuhr von 200 Zigaretten oder 50 Zigarren und 1 l Spirituosen ist erlaubt, die von Lebensmitteln – auch Obst und Butterbroten – sowie Pflanzen streng untersagt.

Anreise

Mit dem Flugzeug

Die Flugzeit beträgt, je nachdem, ob man direkt oder mit einem Zwischenstop in den USA anreist, zwischen zehn und 18 Stunden.

Vom San Francisco Airport in die Stadt

Bus: Billig aber umständlich ist es, den SamTrans Bus 7 F ($ 2, ein Gepäckstück pro Person inkl.) oder 7 B ($ 1, keine Beschränkungen) zu nehmen, der von 5.45–1.15 Uhr alle 30 Min. bis 1st St. oder Mission St. fährt.
SFO Airporter: Bus zu vielen im Zentrum gelegenen Hotels. Von 6.15–24 Uhr. $ 10 ein Weg.
Shuttle: Die einfachste Möglichkeit. Mehrere Gesellschaften bieten diesen Service an, der Sie vom Flughafen bis ins Hotels oder die Wohnung bringt – und das für $ 11. Shuttles am Flughafen im oberen Level. Eine Reservierung ist notwendig, wenn Sie diesen Service bei der Abreise nutzen wollen.
American Airport Shuttle
Tel. 546-6689
Bay Shuttle
Tel. 564-3400
Lorrie's Airport Shuttle
Tel. 334-9000
Super Shuttle
Tel. 558-8500
Taxi: Die teuerste und gleichzeitig bequemste Möglichkeit, die Stadt zu erreichen. Man muß mit $ 28–35 rechnen, zzgl. 10 % Trinkgeld. Für den Rückweg einen Tag vorher reservieren, da die Taxikapazität San Franciscos für eine Großstadt äußerst begrenzt ist.

Mit dem Auto

San Francisco hat ein so hervorragendes öffentliches Verkehrsnetz, daß ein Mietwagen nur zur Last werden kann. Parken ist schwierig und teuer (s. S. 12f.). Wer mit dem Auto ankommt, nimmt den Highway 101 oder 1, die beide durch die Stadt führen. Die Ausfahrten nach *downtown* sind gut ausgeschildert (Civic Center/Mission und weiter zur Golden Gate Bridge).

Mit Bahn oder Bus

San Francisco und andere Ziele lassen sich mit Bahn oder Bus gut erreichen, so mit den Bussen von Greyhound (San Francisco–Los Angeles und zurück $ 67) und den bei Rucksacktouristen beliebten, da günstigen von Green Tortoise (San Francisco–Seattle $ 59. Dauer ca. 24 Std. mit 3 Std. Pause) sowie den Zügen CalTrain (Kurztrips nach Palo Alto und San Jose) und Amtrak (Coast Starlight Route von Seattle über San Francisco nach Los Angeles $ 198–908).
Amtrak (L 3), Ferry Building (am Ende der Market St.)
Tel. 800-872-7245
CalTrain (L 5), Terminal 4th St. und Townsend St.
Tel. 800-660-4287
Greyhound, Transbay Terminal (L 3), 425 Mission St. und 1st St.
Tel. 800-231-2222
Green Tortoise (K 2),
494 Broadway und Kearny St.
Tel. 956-7500

Mit der Fähre

Verschiedene Fähren verbinden die umliegenden Städte mit San Francisco:

Alameda-Oakland-Ferry (K 1)
Pier 39 (Fisherman's Wharf)
und Ferry Building
Tel. 705-5555
(nach Alameda, Oakland und Angel Island)

Golden Gate Ferry (L 3)
Ferry Building
Tel. 923-2000
(nach Larkspur und Sausalito)

Blue & Gold Ferries (J/K 1)
Pier 41 und 43 1/2
(Fisherman's Wharf)
Tel. 773-1188
(nach Sausalito und Tiburon)

Unterwegs in San Francisco

Muni

Tel. 673-6864
Hervorragendes öffentliches Netz mit Straßenbahn, Bussen und Cable Car. In der »Street and Transit Map« ($ 2) sind alle Linien eingezeichnet, so daß eine Orientierung leichtfällt. Die mehr als 5000 Bushaltestellen der Stadt sind allerdings nirgends verzeichnet. An fast jeder Ecke ist ein Stop. Am besten den Busfahrer nach der nächsten Station fragen oder in der Nähe der Zieladresse aussteigen.

Die Fahrt kostet $ 1, und mit dem *Transfer*-Abschnitt (an der U-Bahnschranke per Knopfdruck) kann man innerhalb von 90 Min. zwei weitere Male umsteigen. Kleingeld passend bereithalten; in den U-Bahnstationen befinden sich überall Wechselautomaten. In der Straßenbahn und im Bus $ 1 in Kleingeld oder 1-Dollar-Schein in den Automaten stecken. Der Fahrer darf nicht wechseln.

Es gibt 1-Tages- ($ 6), 3-Tages- ($ 10) oder 7-Tages-Pässe ($ 15) für Bus, Straßenbahn, Cable Car. Ein Night Owl Service (Nachtbusse auf bestimmten Linien; s. Muni-Plan) fährt von 24–6 Uhr.

Cable Car

Ein Muß für jeden Besucher: sich in den überfüllten Wagen zu zwängen oder draußen auf dem Trittbrett zu hängen. Jede Fahrt kostet $ 2. Tageskarte siehe Muni.

BART

Tel. 650-992-2278
Bezeichnet das U-Bahnsystem, das die Stadt mit der East Bay (u. a. Oakland und Berkeley) verbindet. Unterschiedliche Tarife, die gut ausgeschrieben sind. Noch sind Muni und BART zwei getrennte Unternehmen, arbeiten aber zur Zeit an einem System vergleichbar dem Städteverbund in europäischen Ländern. Wer von BART auf Muni umsteigt, kann für $ 1 zwei nur für diesen Tag gültige Coupons lösen, die die Weiterfahrt auf dem Muni-System erlauben.

Taxis

De Soto, Tel. 673-1414
Luxor, Tel. 282-4141
Yellow Cab, Tel. 626-2345

Autoverleih

Ein gültiger Führerschein, Kreditkarte und Ausweis sind für das Mieten eines Leihwagens notwendig. Man zahlt – je nach Anbieter – $ 130–280 die Woche für den

kleinsten Wagen plus 8,5 % *tax* und $ 1 pro Tag *(vehicle license fee)*.
Avis, Tel. 800-331-1212
Ace, Tel. 800-709-8200
Budget, Tel. 800-601-5385
Hertz, Tel. 800-654-3131
Rent-A-Wreck, Tel. 800-732-7368

Stadtrundfahrten/ -rundgänge

All about Chinatown
Tel. 982-8839 (Reservieren)
Tgl. 10 Uhr (Dauer ca. 2 Std.)
Tickets: $ 25/$ 37 (mit Dim Sum)
Insider-Tour zu Fuß durch Geschichte, Kultur und Exotik Chinatowns.

Cruisin the castro
Tel. 550-8110 (Reservieren)
E-Mail: trvrhailey@aol.com
Di–Sa 10 Uhr (Dauer ca. 4 Std.)
Tickets: $ 40 (inkl. Brunch)
Tour durch die homosexuelle Geschichte San Fanciscos – der größten schwulen Metropole der Welt – von 1849 bis heute. Der Spaziergang führt auch zum Names Project Museum, dem ehemaligen Aufbewahrungsort des AIDS Quilt.

Blue & Gold Fleet (K 1)
Pier 39 (Fisherman's Wharf)
Tel. 705-5555
Tickets: Erw. $ 17, Senioren $ 13, und 5–11jährige $ 9, 12–18jährige $ 13
Das Schiff fährt auf der 1 1/4stündigen Fahrt unter der Golden Gate Bridge durch, vorbei an Alcatraz und entlang der Skyline San Franciscos.

Flower Power Haight-Ashbury Walking Tour
Tel. 221-8442 (Reservieren)
Di, Sa 9.30 Uhr (Dauer ca. 2 Std.)
Tickets: $ 15
Führung durch das Viertel, in dem der *Summer of Love*, der den Beginn der Hippiebewegung markiert, seinen Ausgang nahm. Eine Tour vorbei an viktorianischen Straßenzügen, in denen z. B. Janis Joplin (122 Lyon St.) oder Jefferson Airplane (2400 Fulton St.) wohnten.

Gray Line of San Francisco (K 4 und L 3)
Union Square (Powell/Geary St.), Transbay Terminal
Tel. 558-9400
Eines der ältesten Unternehmen, das Stadtrundfahrten anbietet. U. a. mit motorisierten Cable Cars werden die Teilnehmer für 2 1/2–3 Std. (Erw. $ 24, 5–11jährige $ 12) durch die Stadt gefahren.

Super Sightseeing Tours (L 2)
Pier 9, Suite 1
Tel. 777-2288
Professionell geführte Besichtigungen in Bussen. Dauer: 3 1/2 Std., Erw. $ 28, 5–12jährige $ 13.

Behinderte

Independent Living Resource Center (L 4)
649 Mission St. 3rd floor (zwischen 3rd und New Montgomery St.) Tel. 543-6222, Fax 543-6318
San Francisco ist für behinderte Urlauber eine der am besten zu bereisenden Städte – von Parkplätzen bis zu Spezialpreisen für sämtliche Transportmittel, von abgesenkten Bürgersteigen bis zu behindertengerechten Einrichtungen. Das Resource Center erteilt Auskünfte und hilft bei der Beschaffung geeigneter Hilfskräfte.

Zu Gast in S

Sie sind nur auf Stippvisite in der Stadt? Oder haben Sie die Zeit, San Francisco von all seinen Seiten kennenzulernen? Sie suchen idyllische Winkel oder wollen erleben, wo und wie das Nachtleben in dieser flippigen Stadt tost? Dieser Führer gibt Ihnen nützliche Tips und ausgewählte Adressen an die Hand, damit Ihr Aufenthalt zu einem Erlebnis wird. Die große Extra-

an Francisco

Karte hilft bei der problemlosen Orientierung, denn die Gitternetzangaben bei allen Adressen ersparen langes Suchen. Zudem sind die wichtigsten Sehenswürdigkeiten auf dieser Karte besonders hervorgehoben. Und wer San Francisco auf nicht ganz gewöhnliche Weise kennenlernen will, möge sich von den Extra-Touren ab Seite 82 leiten lassen …

Mit einer Kapazität von mehr als 30 000 Hotelzimmern gibt es in San Francisco wenig Engpässe. In der Hauptreisezeit (Juni–Sept.), vor allem wenn auch noch mehrere Kongresse tagen, kann das eine oder andere Hotel ausgebucht sein – vorherige Reservierung zu empfehlen. Außerhalb der Saison gewähren einige Hotels einen Preisnachlaß, vor allem wenn man eine Woche oder länger bleibt. Zentrale, kostenlose Vermittlung von Hotelzimmern, oft mit Rabatt. Auch über das Internet zu buchen:

San Francisco Reservations (L 3)
22 2nd St.
Tgl. 7-23 Uhr
Tel. 227-1500 oder 800-677-1550, Fax 227-1520
http://www.hotelres.com

Günstig

Aida Hotel (K 4)
1087 Market St.
(zwischen 6th und 7th St.)
Tel. 863-4141, 800-863-2432
Muni F, J, K, L, M, N:
Civic Center, Bus 5, 9, 26
DZ ab $ 56 (ab $ 43 ohne Bad)

Günstig zwischen Downtown und Castro liegt dieses alte Hotel mit 180 z. T. geräumigen Zimmern. Am Mobiliar hat der Zahn der Zeit etwas genagt, aber man bemüht sich um Sauberkeit, offeriert ein kleines Frühstück, das im Preis inbegriffen ist, und bietet zusammen mit der Lage eine anständige Unterkunft. Das Eckzimmer 504 hat sogar eine kleine Aussicht auf die Market St. und die Innenstadt.

Ansonia Hotel (K 4)
711 Post St. (nahe Jones St.)
Tel. 673-2670, 800-221-6470,
Fax 673-9217
www.citysearch.com.sfo.ansonia
Bus 2, 3, 4, 27, 76
DZ $ 69 (ohne Bad $ 56)
Das 1907 errichtete Hotel hat, sieht man von den etwas klapprigen Möbeln ab, durchaus Charme. Es ist das einzige Haus, das im Zimmerpreis Frühstück und Nachtessen einschließt. Diese Mahlzeiten sind eine gute Gelegenheit, andere Gäste kennenzulernen.

Essex Hotel (J 4)
684 Ellis St. (zwischen
Hyde und Larkin St.)
Tel. 474-4664, 800-453-7739,
Fax 441-1800
Bus 19
DZ ab $ 79 (ab $ 39 ohne Bad)
Zwar liegt dieses Hotel im Tenderloin, das nicht immer sicher wirkt, doch ist dieser Teil des Viertels vollkommen in Ordnung. Nahe am Civic Center und zum Opernviertel, nur wenige Schritte von der Market St. bietet es saubere, renovierte Räume mit TV und Telefon. Für mehrere Personen zudem sehr günstig: Für $ 99 können vier Gäste in zwei miteinander verbundenen Zimmern übernachten, mit Balkon und Aussicht – das aber nur aus dem 7. Stockwerk.

Günstig	**DZ von $ 45–150, 43–144 €**
Moderat	**DZ $ 89–280, 86–269 €**
Teuer	**DZ $ 110–385, 106–370 €**
Luxus	**DZ ab $ 210, 202 €** **Suiten bis $ 3500, 3367 €**

Die von den Hotels angegebenen Preise verstehen sich *ohne* die kalifornische Hotelsteuer von 14 %, die also noch hinzukommt. Belegen mehr als zwei Personen ein Zimmer, werden meist $ 10 extra pro Person berechnet. Einzelpersonen wird gewöhnlich der Preis des Doppelzimmers berechnet, so daß hier nur die Doppelzimmerpreise angegeben sind. Frühstück ist in der Regel nicht im Preis inbegriffen.

Golden Gate Hotel (K 3)
775 Bush St. (zwischen Powell und Mason St.)
Tel. 392-3702, 800-835-1118, Fax 392-6202
Bus 2, 3, 4, 76, Cable Car PM, PH
DZ $ 72–109
Wo Kapitän Nemo über das Wohl der Gäste wacht, da läßt sich ruhig schlafen. Die Katze gehört John und der Kielerin Renate, den Besitzern des Hotels, das an eine Puppenstube erinnert. In diesem Haus fühlt man sich gleich wohl. Blau und Pink bestimmen die Farben der Zimmer und unterstreichen das putzige Flair. Frühstück gibt es umsonst, nachmittags Tee und Gebäck. Auch ans Parken ist gedacht: $ 12 für 24 Std.

Grant Plaza Hotel (K 3)
465 Grant Ave. (zwischen Bush und Pine St.)
Tel. 434-3883, 800-472-6899, Fax 434-3886, E-Mail: grantplaza@worldnet.att.net
Bus 15
DZ ab $ 62–89
Nur wenige Straßen nach Chinatown hinein, vorbei an den kleinen Läden und Straßenhändlern, liegt dieses moderne chinesische Hotel, das zwar wenig Exotik bietet, dafür ordentliche Unterkünfte zu einem fairen Preis. Die kleinen Zimmer nach hinten sollte meiden, wer nicht auf eine öde Brandmauer blicken mag. Aber vom renovierten 6. Stockwerk aus hat man eine wundervolle Aussicht auf das Treiben in der Grant Av. und den Coit Tower (Zimmer 601). Parken: $ 14.50 für 24 Std.

Hill Point Bed & Breakfast (F 6)
15 Hill Point Ave. (Parnassus Ave.)
Tel. 753-0393, Fax 753-0738
Muni N: UCSF, Bus 6, 43, 66
DZ $ 99–150 (ohne Bad ab $ 65) incl. Frühstück.
Weg vom touristischen Zentrum, ganz nahe an der UCSF (University of California) in einer Sackgasse liegt das Bed & Breakfast. Verteilt auf mehrere Häuser finden sich ganz unterschiedliche Zimmer, z. T. mit phantastischer Aussicht auf die Golden Gate Bridge und das Sportgelände der Universität (Nr. 6 und 12). Zimmer besser vorher angucken! Der Captain's Room hat zusätzlich zum Schlafzimmer eine Koje, die von Fenstern eingefaßt ist und wunderbar zum nachmittäglichen Träumen einlädt – und das für $ 85 zu zweit.

Hotel Britton (K 5)
112 7th St. (nahe Mission St.)
Tel. 621-7001, 800-444-5819
Fax 626-3974
E-Mail: resv@reneson.com
Muni F, J, K, L, M, N: Civic Center
DZ $ 89–129
In SoMa, nur wenige Schritte von der Market St. entfernt gelegen. Das Hotel besitzt saubere, aber kleine Zimmer, alle mit TV und Kaffeemaschine ausgestattet. Es gehört zu einer Kette, und dementsprechend unpersönlich ist die Atmosphäre. Dunkel sind die Zimmer, die nach hinten gehen, dafür sind sie ruhiger als die an der lauten Mission St. Für nur $ 10 kann man allerdings 24 Std. lang parken – ein Preis, der im Innenstadtbereich nicht zu schlagen ist.

Olympic Hotel (K 4)
140 Mason St. (zwischen Eddy und Ellis St.)
Tel. 982-5010, Fax 921-7456
Muni F, J, K, L, M, N: Powell St., Bus 27, 31
DZ $ 48–75 (ohne Bad ab $ 33)
Ein Budget-Hotel, an dem der Preis das Beste ist. Vorne heraus blickt man auf eine Baracke mit *Live Nude Girls* und ein Pornokino. Alles ist alt und wacklig in diesem Haus, aber sauber und freundlich. Für einen **längeren Aufenthalt** kann man kleine Wohnungen mit Küche und Bad mieten ($ 250 pro Woche, $ 700 pro Monat).

Moderat

Hotel Bijou (K 4)
111 Mason St.
(nahe Eddy St.)
Tel. 771-1200, 800-738-7477,
Fax 346-3196
Muni F, J, K, L, M, N: Powell St.
DZ $ 120–169
Ein neues Hotel in einem alten Gebäude: Gelb sticht das frisch gestrichene Bijou aus der Häuserzeile hervor. Jedes Zimmer trägt den Namen eines in San Francisco gedrehten Films, von »Vertigo« bis zu »Mrs. Doubtfire«. Die Räume sind mit Schwarzweißphotos aus dem jeweiligen Streifen dekoriert. Alle haben TV, Telefon und ein eigenes Bad. Die ideale Lage in Verbindung mit dem günstigen Preis machen dieses anständige Hotel attraktiv.

Hotel Union Square (K 4)
114 Powell St. (zwischen Ellis und O'Farrell St.)
Tel. 397-3000, 800-553-1900,
Fax 399-1874
www.personalityhotels.com
Muni F, J, K, L, M, N: Powell St.
DZ $ 129–200
Ein altes Hotel im Herzen von Downtown, das aufs geschmackvollste renoviert worden ist. Weiche rote Teppiche geleiten den Gast zu seinem Zimmer. Bunte, alte Lampen beleuchten den Flur und tragen zur gemütlichen Atmosphäre bei. Die Zimmer sind sparsam mit Designermöbeln ausgestattet. Die nach hinten liegenden Räume sollte man sich vorher allerdings ansehen. Zwar sind sie ruhiger, dafür fällt der Blick des Gastes bei einigen nur auf eine triste Mauer, während auf der Straßenseite die Cable Cars ›vorbeiklingeln‹. Für größere Gruppen oder eine Familie sind die geräumigen Eckzimmer (Nr. 205, 305 etc. bis 605) zu empfehlen, die zudem eine Aussicht auf die Market St. zu bieten haben.

Kensington Park Hotel (K 3)
450 Post St. (zwischen Powell und Mason St.)
Tel. 788-6400, 202-8787, 800-553-1900, Fax 399-9484
www.personalityhotels.com

Bus 2, 3, 4, 76
DZ $ 150–550
Die Eingangshalle zum Kensington Park ist gediegen. Hier legt man Wert auf bürgerliche Solidität. Die Zimmer dieses älteren zwölfstöckigen Hotels sind im Queen-Anne-Stil möbliert. Ab der 9. Etage gibt es schöne Aussichten auf den Nob Hill. Der Zimmerpreis bleibt sich gleich. Originell wird das Frühstück gereicht: Auf jeder Etage in einer Nische zur Selbstbedienung aufgebaut, kann der Gast sich mit dem Tablett in sein Zimmer zurückziehen, wenn er mag.

Stanyan Park Hotel (F 6)
750 Stanyan St.
(zwischen Haight und Waller St.)
Tel. 751-1000, Fax 668-5454
www.stanyanpark.com
Bus 7, 33, 66
DZ $ 110–279
Weg vom Rummel des Stadtzentrums und direkt am Golden Gate Park liegt dieses 1905 erbaute Hotel. Die Haight St. ist direkt um die Ecke, der Strand am anderen Ende des Parks, die Museen im Park sind in Fußnähe. Einige Räume des kleinen, eleganten Hauses sind dunkel und ohne Fenster – darauf sollte man bei der Reservierung achten. Für Familien oder kleinere Gruppen sind die Suiten mit Küche, Wohn- und Schlafzimmer interessant, da sie, egal wie viele Personen darin wohnen, einen Einheitspreis haben ($ 229–279).

The Beresford Arms Hotel (K 4)
701 Post St. (nahe Jones St.)
Tel. 673-2600, 800-533-6533
Fax 929-1535
www.beresfordhotel.com
Bus 2, 3, 4, 27, 76
DZ $ 129–185
Bis vor 25 Jahren war das Beresford ein luxuriöses Apartmenthaus, dann wurde es zu einem eleganten Hotel umgewandelt. Die großzügigen Zimmer sind mit antik aussehenden Möbeln ausgestattet, die geräumigen Suiten (mit Küche und Jacuzzi-Badewannen) wirken noch immer wie kleine Wohnungen.

The Carlton (J 4)
1075 Sutter St. (nahe Hyde St.)
Tel. 673-0242, 800-922-7586,
Fax 673-4904
www.carltonhotel.com
Bus 2, 3, 4, 27, 76
DZ $ 119–160
Der alte Safe am Empfang strahlt Sicherheit aus, das Kaminfeuer in der Lobby Gemütlichkeit. Das 1927 als Familienunternehmen gegründete Hotel wird noch stets wie ein Haus der alten Schule geführt – was Freundlichkeit und persönlichen Service garantiert. Nur wenige Schritte sind es zum Zentrum, doch ist das Carlton weit genug vom Trubel entfernt, um eine ruhige Atmosphäre zu ermöglichen. Von Mo–Fr offeriert das Hotel um 7.50 Uhr eine freie Fahrt zum Financial District – und das in einer der großen Luxuslimousinen, in denen jeder, der sie gesehen hat, gerne einmal fahren möchte. Vom Nordstrom Shopping Center wird man jederzeit umsonst abgeholt.

The Phoenix Inn (J 4)
601 Eddy St.
(zwischen Larkin und Polk St.)
Tel. 776-1380, 800-248-9466,
Fax 885-3109
www.joiedevivre-sf.com
Bus 19, 31
DZ $ 119–159
Eine der flippigsten Unterkünfte San Franciscos: Das Phoenix ist in einem ehemaligen Motel untergebracht, das um einen Swimming-

Im Triton scheiden sich die Geschmäcker: perfekt *designed* oder überladen?

pool (mit seiner künstlerisch abstrakten Ausmalung bereits denkmalgeschützt) herum gebaut wurde. Die Zimmer sind im Tropenlook gestaltet – Farben, Stoffe und Möbel – und mit Werken einheimischer Künstler ausgestattet. Mitunter fühlt man sich im ungewissen: Befindet man sich gerade in der Karibik oder wirklich in San Francisco? Rockbands lieben es, hier abzusteigen. Die Lage ist optimal, die Atmosphäre frisch und ungewöhnlich. Frühstück und Parkplatz sind im Preis inbegriffen. Nachts lädt das Backflip (s. S. 37) zu Cocktailfood und Drinks ein.

Teuer

Holiday Inn
Financial District (K 3)
750 Kearny St. (nahe Clay St.)
Tel. 433-6600, 800-424-8292,
Fax 765-7891
Bus 1, 15
DZ $ 170–220
Der philippinische Concierge Eliseo arbeitet hier seit über 20 Jahren. Und das gerne. Denn für eine Filiale der internationalen Kette bietet dieses Haus mehr als nur den bewährten Standard, der sich in jedem Holiday Inn der Welt findet. Es liegt ideal, nahe dem Financial District mit seinem *New York Flair* und nahe Chinatown mit der größten chinesischen Gemeinde außerhalb Chinas. Ab dem 20. Stockwerk ist der Blick phantastisch: Die Zimmer mit ungeraden Ziffern haben eine Aussicht auf die Bay mit der Insel Alcatraz, die geraden auf die Stadt. Und auf dem Dach, von dem man einen einmaligen Panoramablick hat, gibt es einen beheizten Swimmingpool, an dem eine Szene aus dem Film »Dirty Harry« mit Clint Eastwood gedreht worden ist.

Hotel Triton (K 3)
342 Grant Ave. (nahe Bush St.)
Tel. 394-0500, 800-433-6611,
Fax 394-0555
www.hotel-tritonsf.com
Muni F, J, K, L, M, N: Powell St.
Bus 30, 45
DZ $ 149–299
Für Designliebhaber ist das Triton das richtige Hotel. Einheimische Künstler haben hier Hand angelegt – von der Schnörkelkerzenlampe bis zum Bettüberwurf ist alles perfekt *designed*. Obwohl die Räume spärlich möbliert sind, wirken sie komfortabel und bilden einen angenehmen Ruhepunkt zur überladenen Lobby mit Wandmalereien in Gold und Hellblau, postmodernen Schnörkeln und übertriebenen Möbelstücken. Im Triton steigen auch schon mal Rockmusiker ab. Und nehmen sich

Zimmer mit Aussicht: Blick vom Holiday Inn auf den Coit Tower

entweder die Carlos Santana- oder die Jerry Garcia-Suite. Wem's gefällt, der hat hier eine für den Preis sehr gute und in ihrer Art einzigartige Unterkunft gefunden.

The Archbishops Mansion (H 5)
1000 Fulton St. (nahe Steiner St.)
Tel. 563-7872, 800-543-5820,
Fax 885-3193
www.sftrips.com
Bus 5
DZ $ 159–419
Mit Opernmusik, die durchs ganze Haus schallt, wird man hier, im ehemaligen Wohnsitz des Erzbischofs von San Francisco, empfangen. Das 1904 erbaute Gebäude gehört zu den historischen Denkmälern der Stadt. Schlafen Sie in der Don Giovanni-Suite, dem ehemaligen erzbischöflichen Schlafzimmer, in einem holzgedrechselten Himmelbett oder im Rosenkavalier-Zimmer, das einen Jacuzzi für zwei im Bad bereithält. In der Halle steht ein Bechstein-Flügel, in einem anderen Raum sitzt man unter einem gigantischen Kristalleuchter, einem Requisit aus dem Film »Vom Winde verweht«. Geschmackvolles 19. Jh. Eine Unterkunft, die Charakter besitzt.

White Swan Inn (K 3)
845 Bush St.
(zwischen Mason und Taylor St.)
Tel. 775-1755, 800-999-9570,
Fax 775-5717
www.foursisters.com
Bus 2, 3, 4, 76
DZ $ 165–250
So viele Kinder können gar nicht im Inn wohnen, wie Teddybären herumliegen: Die Steiftierchen kuscheln auf den Eingangstreppen, auf dem Regal, über dem Bett, auf dem Sessel – einfach überall. Aber ansonsten gibt sich das Inn durchaus seriös. In dem geschichtsträchtigen Haus von 1808 möchte man die Gemütlichkeit eines Landgasthofes vermitteln. Das ganze

San Francisco besitzt viele Luxushotels – mit entsprechendem Service

Jahr über brennt ein Kaminfeuer. Blumentapeten tun ein übriges, so auch im Speisesaal, in dem die Gäste das Frühstück (im Preis inbegriffen) zu sich nehmen.

Luxus

Mandarin Oriental San Francisco (L 3)
222 Sansome St.
(zwischen Pine und California St.)
Tel. 885-0999, 800-622-0404,
Fax 276-9304
www.mandarin-oriental.com
Muni F, J, K, L, M, N: Montgomery St., Bus 12, 42
DZ $ 325–550
Gute Hotels gibt es viele in San Francisco, doch keines hat zum ausgezeichneten Service solch eine Aussicht zu bieten. Hoch über den Dächern und Hügeln der Stadt, im 38. Stockwerk, wartet das einzigartige Erlebnis: Sie liegen in einer Badewanne und blicken nicht auf eine Wand, sondern auf das Stadtpanorama. Das Oriental bietet eine ruhigere Atmosphäre als die vergleichbaren Häuser dieser Preisklasse, denn es befindet sich in den obersten elf Etagen des höchsten Gebäudes der Stadt und besitzt nicht mehr als 150 Räume und Suiten. Luxus hoch über den Wolken San Franciscos. Nur Vorsicht vor dem Nebel, der dem Ganzen einen teuren Strich durch die Rechnung machen kann.

The Ritz-Carlton San Francisco (K 3)
600 Stockton St. (nahe Pine St.)
Tel. 296-7465, 800-241-3333,
Fax 986-1268
www.ritzcarlton.com
Bus 30, 45
DZ $ 365–425
Das luxuriöseste Hotel der Stadt befindet sich seit 1991 in einem ehemaligen Versicherungsgebäude aus dem Jahre 1909. In einem Ambiente des 19. Jh. werden alle Wünsche erfüllt. Kaum betritt man die Lobby im 4. Stock – das Gebäude zieht sich vom Hügel die Straße hinab –, weiß man, wo man ist. Die Devise der Ritz-Carlton-Kette lautet schließlich: »*We are ladies and gentlemen serving ladies and gentlemen.*« Die Zimmer sind opulent ausgestattet, Marmor in jedem Bad ist ein Muß. In der 7. und 8. Etage, die über einen eigenen Concierge verfügen, ist Exklusivität garantiert. In der Club Lounge werden täglich Kaviar, Lachs und Wein kredenzt. Hier befinden sich auch die beiden *Presidential Suites* mit Steinway-Flügel, separatem Eßzimmer und Balkon zum Preis von $ 3500 die Nacht. Kurz gesagt: Vom Fitneßraum mit Sauna und Swimmingpool bis zum erstklassigen Restaurant (s. S. 40) bietet das Ritz Luxus pur.

The Sherman House (H 3)
2160 Green St. (zwischen Webster und Filmore St.)
Tel. 563-3600, Fax 563-1882
www.theshermanhouse.com
Bus 22, 41, 45
DZ $ 360–850
Keines der Luxushotels der Stadt hat ein so ungewöhnliches und exklusives Ambiente zu bieten wie das Sherman House. Das 1876 für den reichen Mäzen Leander Sherman erbaute Haus sah damals so illustre Besucher wie Enrico Caruso und Ignacy Paderewski. Heute ziehen es berühmte Gäste wie Barbra Streisand der Diskretion wegen den vergleichbaren Hotels im Zentrum vor. Mit erlesenem Geschmack wurde das Mobiliar – von Empire bis Biedermeier – in den besten Auktionshäusern Europas ersteigert. Die 14 Räume der weißen Villa, die so auch in Hamburg stehen könnte, sind mit diesen Kostbarkeiten ausgestattet worden und bieten zusammen mit dem nur für die Hausgäste bestimmten Restaurant den intimsten Luxus, den San Francisco zu bieten hat. Dazu ein Bilderbuchpanorama auf die Bay und die Golden Gate Bridge, das sich von der Terrasse der Sherman-Suite (Nr. 401 für $ 750), die größer ist als das Zimmer, genußvoll bewundern läßt.

Jugendherberge

Hostelling International San Francisco Downtown (K 4)
312 Mason St.
(zwischen Geary und O'Farrell St.)
Tel. 788-5604, Fax 788-3023
www.hiayh.org
Muni F, J, K, L, M, N: Powell St., Bus 27
Zimmer $ 18–22
Günstiger ist nur die Straße. Das Hostel bietet Betten in Drei- und Mehrbettzimmern, die meisten ohne eigenes Bad – das Notwendigste in sparsamster Form. Etwas für Rucksacktouristen, denen die Unterkunft nicht so wichtig ist. Dafür liegt das Haus sehr zentral, in derselben Lage wie das Hilton Hotel, und ist sicher und sauber. Reservierungen im voraus sind im Sommer zu empfehlen, was mit Kreditkarte keinerlei Problem darstellt.

Jugendhotel

YMCA Central Branch (J/K 4)
220 Golden Gate Ave.
(nahe Leavenworth St.)
Tel. 885-0460, Fax 885-5439
www.centralymcasf.org
Muni F, J, K, L, M, N: Civic Center, Bus 19
DZ ab $ 52, Mehrbettzimmer $ 30
Für Jugendliche ab 18. Gute Lage nahe des Civic Center. Kleine Zimmer, die aber ein Mindestmaß an Privatheit bieten.

Campingplätze

Es gibt im Stadtgebiet nur einen einzigen Campingplatz, der in einem wenig attraktiven Stadtviertel liegt ($ 38 für 2 Personen). Während der Hochsaison ist eine Reservierung unbedingt erforderlich:

Candlestick RV Park (südlich M 8)
650 Gilman Ave.
(nahe Hunter's Point)
Tel. 822-2299, Fax 822-7638

San Francisco ist ein Mekka für jeden, der gutes Essen mag. Ein Spaziergang in der Berkeley Bowl (277 Shattuck Ave.), einem der Gemüse- und Fleischmärkte der Region, beweist dem Besucher aus Europa schnell, daß er in Kalifornien keine kulinarische Einöde zu befürchten hat. Die Verschiedenheit ethnischer Gruppen, die geographische Nähe zu Asien und Südamerika sowie die Tatsache, daß Kalifornien *der* Frischgemüselieferant für die USA ist, lassen eine Variationsbreite an guten Restaurants zu, die ihresgleichen in der Welt sucht: 3000 Restaurants für eine Bevölkerung von nur ca. 725 000 Menschen. Dies garantiert eine verschärfte Konkurrenz, die dem Verbraucher nur zugute kommt – vorausgesetzt er verläßt die vom Massentourismus überschwemmten Ketten.

In vielen Restaurants ist es empfehlenswert, für ein Dinner frühzeitig einen Tisch zu bestellen. Fast alle bieten preisgünstige Lunch-Menüs, eine Gelegenheit, auch teurere Lokale ausprobieren zu können.

Das Schild »*Wait to be seated*« empfängt den Gast in den meisten Restaurants, eine Aufforderung zu warten, bis man begrüßt und an seinen Platz geführt wird.

In San Francisco wird abends selten spät gegessen, einige Restaurants schließen bereits um 23 Uhr. Doch in vielen der kleinen Lebensmittelgeschäfte, die rund um die Uhr geöffnet haben, kann man frisch zubereitete Sandwiches kaufen. Eine weitere Möglichkeit, sich zu verpflegen, bietet das sogenannte *take out food*. Die meisten Restaurants verkaufen ihre Speisen auch außer Haus und liefern sie zur gewünschten Adresse.

Weinliebhaber kommen ebenfalls auf ihre Kosten. Vor den Toren San Franciscos liegen die berühmten Weinanbaugebiete der USA, Napa Valley und Sonoma County. Die kalifornischen Weine erreichen im allgemeinen eine gute Qualität – zahlreiche Winzer bieten Weine französischer und italienischer Rebe an, die in ihrer Güte allerdings sehr unterschiedlich ausfallen können. Eine Fahrt zu den Weinproben in das Winzergebiet kann für den Interessierten unterhaltsame Aufklärung bringen.

Americana / Diner / Coffeeshops

Hamburger Mary's (J 5)
1582 Folsom St. (nahe 12th St.)
Tel. 626-1985
Di–Do 11.30–1, Fr 11.30–2,
Sa 10–2, So 10–1 Uhr
Bus 9, 12
Seit über 20 Jahren *der* Ort, um richtige Hamburger zu essen, die nicht das geringste mit denen der Fastfood-Ketten zu tun haben. Frisch gebraten, auf Vollkornbrot serviert, dazu Kresse und frische Tomaten. Das Essen ist begleitet

von lauter Rock-'n'-Roll-Musik, hektischem Tellergeklapper und Stimmengewirr. (Günstig)

John's Grill (K 4)
63 Ellis St. (nahe Powell St.)
Tel. 986-3274
Mo–Sa 11–22, So 17–22,
im Sommer Mo–So bis 23 Uhr
Muni F, J, K, L, M, N: Powell St.
Dashiell Hammett-Fans dürfen das Speiselokal wohl nicht auslassen: In der inzwischen berühmten Nische schrieb der Krimiautor Teile von »Der Malteser Falke« und ließ seinen Detektiv Sam Spade Lammkoteletts essen. Ein Steakhouse der alten Schule, das seit 1908 existiert und auf seine Geschichte stolz ist. Berühmte Antlitze blicken von den holzgetäfelten Wänden auf die saftigen, gewaltigen Steaks herunter, die ihren Preis kosten. (Teuer)

Kate's Kitchen (H 5)
471 Haight St. (nahe Fillmore St.)
Tel. 626-3984

Was es kostet

Preise für Hauptspeisen:
günstig $ 5–10
moderat $ 8–30
teuer $ ab 15

Mo 9–14.45, Di–Fr 8–14.45, Sa, So 9–15.45 Uhr
Bus 6, 7, 22, 66, 71
Frühstück und Lunch amerikanischen Stils wie von Muttern. Alles wird frisch zubereitet, das liebt das Publikum unter 30, das dieses Restaurant als Nachbarschaftstreff auserkoren hat. (Günstig)

Mel's Drive Inn (F 4)
3355 Geary Blv. (nahe Stanyan Blv.)
Tel. 387-2244
So–Do 6–1, Fr, Sa 6–3 Uhr
Bus 38
Ein Diner der 50er Jahre des 20. Jh. wie aus dem Film. Man sitzt an

Ein Besuch der Märkte der Region – hier Farmer's Market – macht jedem Europäer klar, warum die kalifornischen Restaurants eine so vielfältige Küche bieten können

der langen Bar oder an den Abteiltischen, ißt und hört dazu seine Favoriten aus der Jukebox. Die wandgroßen schwarzweißen Photos erzählen von den wilden Jahren, von Rock 'n Roll und politischen Demonstrationen ... und die Speisekarte von Amerika und seiner Küche. Burger und Sandwiches und für die Kleinen ein spezielles Kindermenü. (Günstig)

Sears Fine Foods (K 3)
439 Powell St.
(zwischen Post und Sutter St.)
Tel. 986-1160
Tgl. 6.30–14.30 Uhr
Bus 30, 45
Ein klassischer amerikanischer Diner der besten Sorte und eine Institution in San Francisco. Frühstück und Lunch in der traditionellen amerikanischen Art mit *pancakes* und Waffeln, einem BLT-Sandwich oder Erdbeerkuchen – und das alles in riesigen Portionen. (Günstig)

The Fog City Diner (L 3)
1300 Battery St.
(am Embarcadero)
Tel. 982-2000
So–Do 11.30–23,
Fr, Sa 11.30–24 Uhr
Muni F, J, K, L, M, N: Embarcadero
Ein amerikanischer Diner der gehobenen Klasse und der erste seiner Art in den USA überhaupt. Was anderswo ungesundes Fastfood ist, das wird hier frisch und aus besten Zutaten bereitet: selbstgemachtes Ketchup, fettarme Hamburger oder frische Gartensalate. (Moderat)

Aus aller Welt

Brandy Ho's on Broadway (K 2)
450 Broadway
(nahe Kearny St.)
Tel. 362-6268
Tgl. 11.30–23 Uhr
Bus 12, 15

Wer gerne amerikanische Filme sieht, wird sich in Mel's Drive Inn wie ein Statist in einem der typischen Streifen fühlen

Kulinarische Alltäglichkeiten

BLT-sandwich	Sandwich mit Bacon (Speck), Lettuce (Salat) und Tomaten
burritos	gefüllte Tortilla
dim sum	gefüllte Teigtaschen
clam chowder	weiße Muschelcremesuppe
cole slaw	Kohlsalat
crab	Krebs
eggs over easy	Spiegeleier, beidseitig gebr.
eggs sunny side up	normale Spiegeleier
French fries	Pommes frites
French toast	in Ei getauchter u. geb. Toast
hash browns	eine Art Rösti
salsa	scharfe mex. Sauce, rot u. grün
sashimi	rohe Fischscheiben
scallops	Jakobsmuscheln
scrambled eggs	Rühreier
shrimp	Krabben
sourdough bread	saures Weißbrot – Spez. Friscos
sushi	roher Fisch auf Reisbällchen
tamales	mit Fleisch gef. Maisblätter

Etwas abseits vom Rummel Chinatowns hat Brandy Ho sein kleines Restaurant-Imperium errichtet. Er serviert Hunan-Küche – schwere und scharfe Kost. Allerdings wird der Gast vorher gefragt, welchem Schärfegrad er sich auszusetzen bereit ist. Eine hier zubereitete, seltene Spezialität Hunans ist hausgeräuchertes Fleisch, das mit seinem kräftigen Geschmack dem ganzen Gericht seine besondere Note aufdrückt. Die blaue chinesische Neonschrift übrigens bedeutet: »Absolutely no MSG«– ›Kein Zusatz von Glutamat‹. (Günstig)

Café Marimba (G 2)
2317 Chestnut St. (zwischen Scott und Divisadero St.)
Tel. 776-1506
Mo 17.30–22, Di–Do 11.30–22, Fr 11.30–23, Sa 11.30–23, So 11.30–22 Uhr
Bus 30
Eines der wenigen Restaurants der USA, in denen wirklich authentisch mexikanisch gekocht wird. Im Marimba bereitet der Chef, von seinen kulinarischen Reisen durch Mexiko inspiriert, einheimische Gerichte in der pursten Form zu. (Günstig)

Cha Cha Cha (F 6)
1801 Haight St. (nahe Shrader St.)
Tel. 386-7670
So–Do 11–16, 17–23,
Fr, Sa 11–16, 17–23.30 Uhr
Bus 6, 7, 61, 66
Die heiligen Götter der Santeria-Religion blicken von ihren bunten Altären herunter auf die vornehmlich jungen Gäste dieses kubanisch-puertoricanischen Restaurants mitten in Haight-Ashbury, die hier karibische Küche, u. a. gebratene Bananen und ›Arroz con polo‹, zu sich nehmen. Als *New World Recipes* definiert sich die Küche dieses populären Lokals, das 1997 auch ein eigenes Kochbuch herausgebracht hat – mit einer ausführlichen Diskographie zur musikalischen Untermalung der Mahlzeit daheim. (Günstig)

Gaylord of India (J 1)
900 Northpoint
(Larkin St./Ghirardelli Square)

Die Enten in der Auslage weisen den Weg in die chinesischen Restaurants. Zerhackt in Einzelteile wechseln sie im Hai Ky den Besitzer

Tel. 771-8822
Tgl. 11.30–13.45 (So 12–14.30), 17–22.45 Uhr
Bus 19, 30, 32, 42,
Cable Car PH
Indisches Essen der besten Art und eine wunderbare Aussicht auf die Bay rechtfertigen den etwas hohen Preis. Sooft indische Mahlzeiten durch mangelnde Sorgfalt enttäuschen können, hier schmeckt man die frischen Zutaten heraus. Das Gaylord gilt als das beste indische Restaurant *in town*. (Teuer)

Gold Mountain (K 2)
644 Broadway (zwischen Columbus und Stockton St.)
Tel. 296-7733
Mo–Fr 10.30–15, 17–21.30, Sa, So 8–15, 17–21.30 Uhr
Bus 12, 15, 83
Das Restaurant genießt das Vertrauen der Einheimischen – nicht umsonst veranstaltet die chinesische Gemeinde hier ein Essen zu Ehren des Bürgermeisters von Shanghai. Mittags wimmelt das gutbesuchte mehrstöckige Lokal nur so von Besuchern. Wagen mit den köstlichsten Speisen werden herumgeschoben. Vor allem ›Dim Sum‹ ist mittags angesagt, mit Fleisch, Fisch oder Gemüse gefüllte Teigtaschen. Dazu schmeckt der Chrysanthemen-Tee ›pooneh guk fah cha‹ gut. (Günstig)

Hai Ky (C 6)
2191 Irving St. (23rd Ave.)
Tel. 731-0105, 731-9948
Tgl. 9–22 Uhr
Muni N, Bus 71
Draußen drängelt sich mitunter eine dichte Schlange vor dem Tresen, über den die gebratenen Enten und Hühner schnell den Besitzer wechseln. Hier, im Stadtteil Inner Sunset, entsteht ein neues Chinatown, das vom Tourismus noch verschont ist. Inmitten des kunterbunten chinesischen Treibens sitzen und essen, sich an den köstlichen Enten oder groß bemessenen Suppenrationen erfreuen – der Weg in dieses schlichte Restaurant zum Lunch lohnt sich. (Günstig)

House of Nanking (K 3)
919 Kearny St. (zwischen Jackson und Columbus St.)
Tel. 421-1429
Mo–Fr 11–22, Sa 12–22, So 16–22 Uhr
Bus 12, 15, 41, 83
Lange Zeit ein Geheimtip, inzwischen ein Kult-Restaurant. Gerade neun Tische und eine Bar mit einem Dutzend Stühle passen hier herein ... und immer ist es voll. Eng zusammengepfercht sitzen die Gäste, die Küche direkt vor der Nase. Laut und hektisch geht es im Nanking zu, geliebt von der jungen Klientel. Nicht zuletzt wegen der Preise. Draußen Schlange stehen gehört dazu, dafür wird man mit großen Portionen bester Shanghaier Küche belohnt. (Günstig)

Le Soleil (E 4)
133 Clement St.
(zwischen 2nd und 3rd Ave.)
Tel. 668-4848
Mo–Do 11–22, Fr und Sa 11–22.30 Uhr
Bus 2
Das Restaurant wurde 1996 mit einem Preis ausgezeichnet – und das zu Recht. Hier wird authentische vietnamesische Küche *ausgezeichnet* gekocht und serviert, und zwar zu annehmbaren Preisen. Das Interieur ist schlicht, der Lautstärkepegel niedrig. (Moderat)

L'Osteria del Forno (K 2)
519 Columbus Ave.
(zwischen Green und Union St.)
Tel. 982-1124
Mo, Mi, Do 11.30–22,
Fr, Sa 11.30–22.30, So 13–22 Uhr
Bus 30, 41, 45
weitere Filiale: vineria (H 6)
3228 16th St. (nahe Dolores St.)
Tel. 552-3889
Mi–So 17.30–22.30 Uhr
Bus 22
In dem gemütlichen kleinen Lokal mit nur zehn Tischen bekommt man original-italienisches Essen bester Qualität für wenig Geld, ganz so, als wäre man in einer Osteria in Bologna gelandet. Die Focaccia (Pizzabrot) ist selbst gemacht und trägt zur Beliebtheit des Lokals ebenso bei wie die köstliche hauchdünne Pizza. Ein guter Tip für italienisches Essen. (Günstig)

maki (H 4)
1825 Post St.
(Japantown, nahe Webster St.)
Tel. 921-5215
Di–So 11.30–14, 18–21 Uhr
Bus 2, 3, 4, 38
In Japantown kann man an jeder Ecke japanisch speisen. Dieses schlicht und geschmackvoll eingerichtete Restaurant ragt wohltuend aus der Masse heraus. Hier ißt auch ein Japaner, wenn er in Japantown essen muß. Neben Sushi und Sashimi gibt es eine Spezialität aus Fukusima, der Heimat der Besitzer, die in den USA wohl nur hier serviert wird: ›Wappa Meshi‹, eine im Bambusgefäß schonend gedämpfte Speise mit Reis, Fleisch oder Fisch. (Moderat)

myabi (H 6)
253 Church St. (nahe Market St.)
Tel. 861-0447
Mo–Fr 11.30–15, 17–1, Sa 11.30–0.30, So 11.30–23 Uhr
Muni F, J, K, L, M, N: Church St.
Abseits der Touristenpfade liegt dieses schlichte Speiserestaurant, das zum Lunch den besten rohen Fisch zu sehr günstigen Preisen serviert. Gute Spezialmenüs mit Kombinationen wesentlicher japanischer Gerichte wie Tempura (gebackenes Gemüse oder Fisch), Sashimi, Gyoza (mit Fleisch oder Gemüse gefüllte Teigtaschen) u. a. m. auf einem Tablett. Ideal

zur Einführung in die japanische Küche. (Günstig)

New Asia (K 3)
772 Pacific Ave.
(zwischen Grant und Stockton St.)
Tel. 391-6666
Tgl. 8.30–15, 17–21 Uhr
Bus 12
Eines der ersten Hongkonger Dim-Sum-Restaurants San Franciscos. Zum Lunch gibt es ausschließlich gefüllte Teigtaschen in allen Variationen. Man pickt sich das heraus, worauf man gerade Lust hat. In diesem mehr als 1000 Plätze zählenden Restaurant essen vor allem einheimische Chinesen. (Günstig)

The Slanted Door (J 6)
584 Valencia St. (17th St.)
Tel. 861-8032
Di–So 11.30–15, 17.30–22 Uhr
Bus 22, 26, BART: 16th St./Mission
Seit kurzem eines *der* Hip-Restaurants mit guter vietnamesischer Küche. Hier wird nach den Rezepten der Großmutter gekocht, die selbst ab und zu in der Küche des Familienunternehmens nach dem Rechten sieht. Das Ambiente hat allerdings wenig mit Vietnam zu tun. Multikulturelles junges Publikum ist angesprochen, das sich in kahlen Räumen gerne einem hohen Geräuschpegel aussetzt, der Gespräche am Tisch erübrigt. Neben authentischen Gerichten aus Vietnam – die mit den vietnamesischen Namen – werden hier auch amerikanisch inspirierte Speisen – die ohne – serviert. (Moderat)

Thep Phanom (H 5)
900 Waller St. (nahe Fillmore St.)
Tel. 431-2526
Tgl. 17.30–22.30 Uhr
Muni N: Duboce Park,
Bus 6, 7, 22, 66, 71
Thai-Restaurants gibt es in San Francisco wie Sand am Meer. Die Frage ist, ob die Küche authentische Gerichte zubereitet oder sich dem westlichen Geschmack angepaßt hat. Authentisch bedeutet hier scharf. Die Speisen in diesem Lokal werden tatsächlich so zubereitet, wie man sie auch in Bangkok serviert bekäme. (Moderat)

Tommy Toy's (K 3)
655 Montgomery St.
(nahe Clay St.)
Tel. 397-4888
Mo–Fr 11.30–15, 18–22,
Sa 18–22, So 18–21.30 Uhr
Bus 1, 15, 41
Das eleganteste chinesische Restaurant San Franciscos und vielleicht der USA. Mit Preisen überschüttet, und besucht von Gorbatschow über Barbra Streisand und Robert de Niro bis zu Frank Sinatra. Gedämpftes Licht, Lüster an der Decke, eine kostbare Sammlung chinesischer Antiquitäten – in dieser Atmosphäre genießt man die raffinierte Mischung von kantonesischer und französischer Küche. Das siebengängige ›Signature Dinner‹ ($ 55) präsentiert die erfolgreichsten Speisen Tommy Toy's. (Teuer)

California

Anchor Oyster Bar (H 7)
579 Castro St. (zwischen 18th und 19th St.)
Tel. 431-3990
Mo–Fr 11.30–22, Sa 12–22, So 16.30–21.30 Uhr
Muni K, L, M, Bus 24
Ein Tresen, wenige Tische, dahinter die Küche. Kellner Michael behält die Ruhe, wenn in diesem kleinen, immer gut besuchten Restaurant, die hungrigen Gäste auf den näch-

sten freien Platz warten. Seit 20 Jahren kocht Roseann hier die köstlichsten Fische. Täglich wechselnde Gerichte garantieren Frische. Egal ob es sich um einen Fisch aus dem Pazifik, eine raffinierte Sauce aus Mango und frischem Koriander, einen der opulenten *seafood salads* oder einfach nur um die besten Austern aus der Umgebung handelt. (Moderat)

Backflip (J 4)
601 Eddy St.
(zwischen Polk und Larkin St.)
Tel. 771-3547
Di–Do 17–2 (Bar), 18–23 Uhr (Rest.), Fr, Sa 17–2 (Bar), 18–24 Uhr (Rest.), So 21.30–2 Uhr (Bar), Rest. geschl.
Bus 19, 31
Rhapsody in Blue: Cocktail Lounge und Cocktail Cuisine in blauestem Blau. Im Phoenix Hotel (s. S. 25f.), am Pool, lockt diese Bar im Stil der 60er Jahre des 20. Jh. das Szenepublikum der Stadt an. In der Lounge, abgetrennt durch blaue Plexiglaswände und Vorhänge, werden einfallsreiche kalifornische Tapas serviert, von flambierten Muscheln bis zu rohem Thunfisch, und das von in blauen Satin gehüllten Kellnern. Gleich daneben liegt die Cocktailbar, in die man anschließend in noch tieferes Blau eintauchen kann, um die Strapazen des Tages zu ertränken. (Günstig)

Farallon (K 3)
450 Post St. (nahe Union Sq.)
Tel. 956-6969
Mo–Sa Lunch 11.30–14.30, So–Mi Dinner 17.30–22, Do–Sa 17.30–22.30 Uhr
Muni F, J, K, L, M, N: Powell St.
Die neueste Kreation des Restaurantdesigners Pat Kuleto. Eine Tiefseephantasie in warmen Tönen. Gläserne Quallen hängen als Lampen von der Decke. Im hinteren Speiseraum sitzt man unter der Mosaikdecke eines ehemaligen Schwimmbassins aus den 20er Jahren des 20. Jh. Fisch macht den größten Teil der Speisekarte aus. Zubereitet in den kalifornisch-mediterranen Eigen-Kreationen des Küchenchefs Mark Franz. (Teuer)

***In a blue mood* ... Stilecht: Selbst die Kellnerin im Backflip trägt Blau**

firewood café (G 7)
4248 18th St. (nahe Diamond St.)
Tel. 252-0999
Mo–Sa 11–23, So 11–22 Uhr
Bus 24
Man bestellt, bezahlt, nimmt seine Nummer mit an den Tisch und wartet auf die Köstlichkeiten, die da kommen werden: knackig frische Salate und italienische Nudelgerichte, hauchdünne Pizze oder köstliche Brathähnchen. Sieht durch die großen Fensterscheiben dem Treiben im Castro-Viertel zu und erfreut sich an den äußerst günstigen Preisen für ein hervorragendes Essen. (Günstig)

MECCA (H 6)
2029 Market St. (nahe 14th St.)
Tel. 621-7000
Mo–Sa 17–24, So 16–23, Mo Live-Musik 20.30–23.30 Uhr
Muni F, J, K, L, M: Church St.
Bar, Restaurant mit einfallsreicher kalifornisch-mediterraner Küche, Cocktail Lounge, Live-Musik – alles unter einem Dach, und das in einer Gegend, die gehobenes Ambiente sonst kaum zu bieten hat. Zum Cocktail ein Snack oder ein Dinner, alles ist möglich. Geschickt haben hier die Innenarchitekten gewirkt: High-Tech-Rohre winden sich an der Decke, teilweise verdeckt durch dunkle Samtvorhänge. Die Cocktailecken sind lauschig, die Eßnische mit dem gedämpften Licht ist akustisch abgeschirmt. Am Wochenende gruppiert sich ein gemischtes Publikum um die riesige runde Bar, unter dem man schon mal den Schauspieler Robin Williams oder den Sänger Neil Young erblickt. Das MECCA wirkt trotz großer Popularität in der In-Szene San Franciscos unprätentiös und ist seinen Preis wert. (Moderat)

Swan Oyster Depot (J 3)
1517 Polk St. (zwischen Sacramento und California St.)
Tel. 673-1101
Mo–Sa 8–17.30 Uhr
Bus 19, Cable Car C
Es riecht nach Meer. Die Berge von frischen *shrimp* und Jakobsmuscheln, von Austern und Krebsen sind kaum aus dem Wasser gezogen, dann werden sie hier schon zum Verkauf angeboten. An einem weißen, abgeschabten Marmortresen sitzen die Gäste und schlecken sich die Finger ab. Scherzend flitzen die Kellner dahinter herum, reichen Butter und köstliches selbstgebackenes Brot, teilen kleine Weinproben aus, und Meeresfrüchte, nichts als Meeresfrüchte. Dazu eine weiße Clam Chowder und ein Glas kalifornischen Chardonnay. (Moderat)

2223 (H 6)
2223 Market St. (nahe Sanchez)
Tel. 431-0692
So–Do 18–22, Fr und Sa 18–23 Uhr, So 10–14 Uhr Brunch
Muni F, J, K, L, M: Church St.
Ein Jahr lang trug dieses Lokal keinen Namen, hieß einfach nur ›No Name‹, was aber dem Erfolg keinerlei Abbruch tat. Von Anfang an traf sich hier die vornehmlich homosexuelle Klientel des Castro, denn ein gutes Restaurant der gehobeneren Klasse fehlte bis dahin im Viertel. Das pfirsichfarbene Interieur trägt zur lockeren und freundlichen Atmosphäre bei. Der Besitzer John Cunin serviert eine Mischung aus mediterranen und südostasiatischen Gerichten sowie Speisen aus dem Südwesten der USA, was ganz dem Trend der kalifornischen Küche entspricht. (Moderat)

Zuni Café (J 5)
1658 Market St. (Ecke Rose St.)
Tel. 552-2522
Di–Sa 11.30–24, So 11–23 Uhr
Muni F, J, K, L, M, N,
Bus 6, 7, 42, 47, 49, 66, 71
Das ingeniöse Restaurant konnte sich kontinuierlich als das beste mediterrane Eßlokal der Stadt behaupten. Europäisches Flair und amerikanische Lockerheit sind Erfolgsgaranten, am Wochenende locken die Jazzklänge des Barpianisten Gäste an. Zu moderaten Preisen werden einfallsreiche Gerichte serviert, ein Mix aus Italien, Südfrankreich und Kalifornien. Enorme Austernkarte der ersten Wahl; man sollte die japanischen Kumamoto probieren. (Moderat)

Vegetarisch

Ganges Vegetarian Restaurant (F 6)
775 Frederick St.
(nahe Arguello Blv.)
Tel. 661-7290
Di–Sa 17–22 Uhr
Muni N: Arguello/Carl St., Bus 71
Hervorragendes indisches vegetarisches Restaurant nahe dem Golden Gate Park. Manchmal begleitet ein Musiker auf der Sitar die Mahlzeit, die man auf dem Boden hockend oder am Tisch sitzend verzehrt. Die Speisekarte verspricht indische Gerichte in ungewöhnlichen Kombinationen aus frischen Zutaten, z. B.: gebackene Bananen, gefüllt mit fein gehacktem Koriander, Kokosnuß und grünen Chilis. (Günstig)

Shangri-La Chinese Vegetarian Restaurant (D 6)
2026 Irving St.
(zwischen 21st und 22nd Ave.)
Tel. 731-2548
Tgl. 11.30–21.30 Uhr
Muni N, Bus 71
Eine Abwechslung für den Vegetarier: ein Ausflug in die chinesische Küche – mit Auberginen in scharfer Sauce oder Nudeln in Peking-Sauce. (Günstig)

Spitzenreiter

Aqua (L 3)
252 California St.
(zwischen Battery und Front St.)
Tel. 956-9662
Mo–Fr 11.30–14.30, Mo–Do 17.30–22.30, Fr, Sa 17.30–23.30 Uhr
Bus 1, 12, 41, 42
Hell, modern und vornehm. Mit seinen runden Wänden, hohen Decken und luxuriösen Blumenarrangements gehört das Aqua sicherlich zum Besten, was San Francisco ›in Sachen Fisch‹ zu bieten hat. Küchenchef Michael Mina verbindet französische Kochkunst mit Einflüssen anderer Kulturen.

In San Francisco sind alle Küchen dieser Welt daheim, und die Köche – gleich welcher Nation – greifen gerne auf die Fische und Meeresfrüchte der reichen Fanggründe vor Nordkaliforniens Küste zurück

Eine ›Jalapeño-Orangen-Hollandaise über Krabben aus Alaska‹ ist z. B. solch eine gelungene multikulturelle Köstlichkeit. Die erlesenen Gerichte kosten allerdings ihren Preis. (Sehr teuer)

Fleur De Lys (K 3)
777 Sutter St. (zwischen Jones und Taylor St.)
Tel. 673-7779 Fax 673-4619
Mo–Do 18–21.30, Fr, Sa 17.30–22.30 Uhr
Bus 2, 3, 4, 76
Unter dem Baldachin hängend wirft ein Murano-Leuchter gedämpftes Licht auf die wenigen Tische. Die Voraussetzungen für eine kulinarische Reise in der dezenten Atmosphäre eines französischen Landgasthofes sind geschaffen. Chef Hubert Keller, der seit 17 Jahren in San Francisco die Gourmets mit schonungsvoller Haute-Cuisine beglückt, und sich sogar als Berater für Präsident Clintons leibliches Wohl bis zum Weißen Haus hochgekocht hat, kreiert hier das Feinste an französischer Küche. Ob man eine kalte Spargelsuppe aus einer Eierschale löffelt, oder ein zartes Filet Mignon mit Meerrettichkruste und gealtertem Balsamico-Essig gewürzt zerteilt, hier kann man kulinarische Wunder erleben. Auch der Vegetarier kommt auf seine Kosten. Und will der Feinschmecker ganz ohne Fett auskommen, kündigt er dies einen Tag vorher an .... und ist mit dabei! (Sehr teuer)

Masa's (K 3)
648 Bush St. (zwischen Powell und Stockton St.)
Tel. 989-7154
Di–Sa 18–21.30 Uhr (*last seating*)
Bus 30, 45, Cable Car PM, PH
Reservierungen werden hier strikt gehandhabt: Man bekommt entweder eine um 18 oder eine um 21 Uhr. Im Masa's mag man die Küche nicht zuungunsten des Gourmets überlasten. Die aufwendigen und guten Gerichte brauchen ihre Zeit. Chad Callahan kocht französische Haute Cuisine der traditionellen Art. Er gilt als Purist, der nur das Beste einkauft, koste es, was es wolle. Das schlägt natürlich bei der Rechnung zu Buche (pro Person leicht $ 150). Dafür kommt hier eine perfekte Mischung von hoher Kochkunst und Präsentation auf den Tisch. (Sehr teuer)

Ritz-Carlton Dining Room (K 3)
600 Stockton St.
(nahe California St.)
Tel. 773-6198
Mo–Sa 18–22 Uhr
Bus 30, 45
1991 wurde dieses Luxushotel der Ritz-Carlton-Kette in der nachgeahmten Pracht des 19. Jh. eröffnet. Im Restaurant wähnt man sich im Eßsaal eines Schlosses. Kellner lesen den Gästen die Wünsche von den Augen ab. Die Speisekarte ist derart fein abgestimmt, daß man problemlos Hauptspeisen als Vorspeisen und umgekehrt bestellen kann. Kulinarisch ist im Dining Room alles möglich … (Sehr teuer)

Cafés

Brain Wash (K 5)
1122 Folsom St.
(zwischen 7th und 8th St.)
Tel. 861-3663
So–Do 7–23, Fr, Sa 7–24 Uhr
Bus 12
Coffeeshop – und Waschsalon. Was gibt es Nützlicheres für den Reisenden, als inmitten einer lebendigen Atmosphäre zu früh-

stücken, gleichzeitig seine Kleider vom Staub der Reise zu befreien und das eine oder andere Gespräch zu führen? (Günstig)

Café Flore (H 6)
2298 Market St. (nahe Noe St.)
Tel. 621-8579
So–Do 7.30–23.30,
Fr, Sa 7.30–23.45 Uhr
Muni F, J, K, L, M: Church St.,
Bus 37
In anderen amerikanischen Städten sucht man als Europäer oft verzweifelt ein Café, in dem man lange sitzen, Briefe schreiben, lesen oder einfach nur gucken kann. Solche Lokale sind in San Francisco zahlreich. Eines der lebendigsten und attraktivsten ist das Flore. Das Essen – einfach, frisch und gesund – bestellt und bezahlt man am Tresen. (Günstig)

Orbit Room Café (H 5)
1900 Market St. (nahe Laguna St.)
Tel. 252-9525
So und Mo 7–24, Di–Sa 7.30–2 Uhr
Muni F, J, K, L, M, N:
Van Ness Stn.
Tagsüber gemütliches Café mit klassischer Musik, abends Baratmosphäre mit entsprechender musikalischer Untermalung. Und praktisch: Nebenan liegt ein Waschsalon. (Günstig)

Microbreweries

Beach Chalet (A 7)
1000 Great Highway
Tel. 386-8439
Mo–Sa Lunch 11.30–15, So 10–15 Uhr Brunch, tgl. Bistro 15–17.30, So–Do Dinner 17.30–22 Uhr, Fr und Sa 17.30–23 Uhr
Muni N: Endstation
Sonnenuntergang am Pazifik, dazu köstliches Bier, frisch gebraut nach englischer Art, und kalifornische Speisen, vom Steak bis zum Lachs. Die Portionen sind reichlich bemessen, die Zubereitung einfach und gut. Lange Zeit war das Beach Chalet aus dem Jahre 1925 dem Verfall preisgegeben, bis es im Januar 1997 seine Türen wieder öffnete. Nun strömen Surfer und Spaziergänger, Touristen und Einheimische hierher, um in dieser Strandatmosphäre gediegen zu essen und zu trinken. (s. auch Extra-Tour 1, S. 85; moderat)

After hours

Sparky's (H 6)
242 Church St. (nahe Market St.)
Tel. 626-8666
Tgl. 24 Std.
Muni F, K, L, M, N: Church St.
Wenn die Polizeistunde geschlagen hat und auch die letzten Bars schließen, dann kann man im Sparky's vom Hamburger bis zur Pizza noch immer alles bekommen. Frühstück gibt es auch rund um die Uhr. Vornehmlich junges Publikum ißt in diesem sauberen, freundlichen Restaurant. (Günstig)

Yuet Lee (K 3)
1300 Stockton St.
(nahe Broadway)
Tel. 982-6020
Mi–Mo 11–3 Uhr
Bus 12
Für den Spätesser und Liebhaber chinesischen Essens die richtige Adresse. Zwischen grellgrünen Wänden, inmitten eines kunterbunt gemischten Nachtvolks sitzt man beim nächtlichen Mahl. Meeresfrüchte und Fisch sind die Spezialitäten des Yuet Lee. Der Service ist schnell, dafür laut. (Günstig)

Wohl dem, der weiß, was er will: Die Auswahl an Postkarten ist bei INKY'S schier unerschöpflich

Bücher

A Different Light Bookstore (H 6)
489 Castro St.
(zwischen Market und 18th St.)
Tel. 431-0891
Tgl. 10–24 Uhr
Muni F, K, L, M: Castro St.
Literatur über und von Schwulen und Lesben. Außerdem eine Zeitschriftenecke und regelmäßig Lesungen von prominenten Schriftstellern und Newcomern.

Borders Books & Music (K 3)
Union Square (Post/Ecke Powell St.)
Tel. 399-1633
Mo–Do 9–23, Fr–Sa 9–24,
So 9–21 Uhr
Muni F, J, K, L, M, N, BART: Powell St., Bus 2, 3, 4, 76, Cable Car PH
Über vier Stockwerke verteilt sich eine der größten Buchhandlungen der Stadt, in der sich vom Kinderbuch bis zur Reiseliteratur alles finden läßt. Dazu eine CD-Abteilung und ein Café. Neuerscheinungen werden hier oft billiger angeboten als in anderen Geschäften.

City Lights Bookstore (K 2)
261 Columbus Ave. (zwischen Broadway und Pacific St.)
Tel. 362-8193
Tgl. 10–24 Uhr
Bus 15, 41, 83
Der erste Taschenbuchladen der USA (1953) war der Anziehungspunkt der *Beatnik Generation* und ihrer Schriftsteller. Hier wurde 1957 Allen Ginsbergs Gedicht »Howl« veröffentlicht, was den Besitzern eine Klage wegen Obszönität einbrachte. Gute Auswahl an linker engagierter Literatur, speziell zu Problemen der Dritten Welt.

Get Lost (J 5)
1825 Market St.
(nahe Octavia St.)
Tel. 437-0529
Mo–Fr 10–19, Sa 10–18,
So 11–17 Uhr
Muni F, J, K, L, M, N: Van Ness Stn.
Gut sortierter Laden mit Reiseführern und -literatur, Karten und nützlichem Zubehör wie Beuteln für wertvolle Dokumente etc. Gute Beratung.

Sierra Club Bookstore (J 4)
85 2nd St. (nahe Mission St.)
Tel. 977-5600
Mo-Fr 9.30–17.30 Uhr

Muni F,J,K,L,M,N: Montgomery St. Eine reiche Auswahl an Karten und Wanderwegrouten; gute Auswahl an Büchern über Natur- und Umweltschutz.

Geschenke / Kunst

Asakichi Antique & Arts (H 4)
1730 Geary Blv. (zwischen Webster und Fillmore St.)
Tel. 921-2147
Mo und Di 11–18, Mi–So 10–18 Uhr
Bus 2, 3, 4, 22, 38
Asakichi weiß, wo in Japan die erlesenste Keramik zu finden ist. Sei es Alltagsware oder handgemachte, teurere Keramik. Kostbare Schalen, schönstes handbedrucktes Papier (Yuzen) aus Kyoto, das notwendige Zubehör für eine Teezeremonie, kostbare alte Teebehälter aus Porzellan, Lackarbeiten und schlichte, aber teure Bento-Kästchen aus Zedernholz – das alles läßt sich in diesem kleinen Laden mitten im modernen Japantown finden.

Asakichi Incense (H 4)
1730 Geary Blv. (zwischen Webster und Fillmore St.)
Tel. 921-8292
Mo und Di 11–18, Mi–So 10–18 Uhr
Bus 2, 3, 4, 22, 38
In diesem Laden gibt es nichts anderes als Räucherstäbchen. Bis zu $ 400 können sie kosten; es gibt die Duftstäbe aber für jedes Portemonnaie. Die Odeurs aus Japan sind sehr fein. Wer sich nicht auskennt und vor lauter Rauch irgendwann nichts mehr unterscheiden kann, kauft ein Probekästchen mit diversen Duftrichtungen und schnuppert zu Hause weiter, bevor er sich zum Kauf entscheidet.

Creativity Explored (H 6)
3245 16th St. (nahe Dolores St.)
Tel. 863-2108
Mo–Fr 9–14, Sa 12–16 Uhr
Bus 22
Dieses Behinderten-Projekt, eines von vielen in den Staaten, unterrichtet geistig Behinderte in Sachen Kunst. Hinter dem Ausstellungsraum befindet sich das große Atelier, wo gemalt und getöpfert wird. Was dabei entsteht, läßt sich durchaus sehen. Für wenig Geld kann man hier erstaunliche Kunstwerke und wunderbare Keramikarbeiten erstehen (ca. $ 20–100).

Mendels art supplies (F 6)
1556 Haight St.
(nahe Ashbury St.)
Tel. 621-1287
Mo–Fr 10–17.50, Sa 10–17.20, So 12–16.50 Uhr
Bus 6, 7, 61, 66
In diesem Laden kann man sich vorstellen, die Zeit sei stehengeblieben und plötzlich kämen Hippies von der Haight St. herein, um hier das Material für ihre psychedelische Dekoration zu kaufen. Stoffballen türmen sich im hinteren Teil des Geschäftes, Flimmer und Glimmer hängen an den Wänden, es gibt Knöpfe der unmöglichsten Art, Farben und Pinsel, unterschiedlichste Papiere, ja sogar das Material, um Papier selber anzurühren. Eine Fundgrube.

INKY'S (G 6)
1427 Haight St.
(nahe Masonic St.)
Tel. 626-3232
Tgl. 11–19 Uhr
Bus 6, 7, 61, 66
Der ultimative Postkartenladen. Wer auf der Suche nach wirklich amerikanischer Ästhetik ist, wird hier auf seine Kosten kommen: nachkolorierte Postkarten aus den

In Chinatown wird jeder fündig – egal, ob er sich für exotische Lebensmittel, ›mysteriöse‹ Kräuter oder ausgefallene Kunst interessiert

40er Jahren des 20. Jh., bunte 50er Jahre-Karten sowie Karten von Schauspielern und Sängern. Uhren aus Radkappen, Magnete für den Kühlschrank, Poster und Drucke.

Under One Roof (H 6)
549 Castro St. (zwischen 18th und 19th St.)
Tel. 503-2300
Mo–Sa 10–20, So 11–19 Uhr
Muni F, K, L, M: Castro St.
Seit 1992 hat dieses Geschäft mit seinen ehrenamtlichen Verkäufern über 4 Mio. Dollar Profit für 60 Aids-Organisationen erwirtschaftet, die die Waren einkaufen und den Profit vom Verkauf zurückerhalten. Under One Roof ist ein attraktiver Geschenkladen mit Büchern, Postkarten, Kunsthandwerk, Souvenirs u. v. a. m.

Kaufhäuser

Gump's (K 3)
135 Post St. (zwischen Grant Ave. und Kearny St.)
Tel. 984-9439
Mo–Sa 10–18 Uhr
Muni F, J, K, L, M, N, BART: Montgomery St., Bus 2, 3, 4, 15
Das traditionsreiche, 1865 gegründete Kaufhaus präsentiert erlesene Stücke aus Jade, Perlenjuwelen und orientalische Antiquitäten, Porzellan, Kristall und andere Pretiosen.

Macy's (K 4)
120 Stockton St.
(nahe Union Square)
Tel. 397-3333
Mo–Sa 10–20, So 11–19 Uhr
Muni F, J, K, L, M, N, BART: Powell St., Bus 6, 7, 27, 31, 66, 71, Cable Car PH, PM
Bei Macy's muß man gewesen sein: Über mehrere Stockwerke und Gebäude verteilt, ist in diesem Warenhaus einfach alles zu finden, was man sich vorstellen kann. Die Preise sind nicht die niedrigsten, aber dafür finden sich das ganze Jahr über Sonderangebote.

Neiman Marcus (K 4)
150 Stockton St. (nahe Geary St.)
Tel. 362-3900
Mo, Di, Mi, Fr, Sa 10–19, Do 10–20, So 12–18 Uhr
Muni F, J, K, L, M, N, BART: Powell St., Bus 6, 7, 27, 31, 66, 71, Cable Car PH, PM
Luxustempel der Mode. Ein Besuch lohnt allein der eleganten Ausstattung wegen schon. Und im Restaurant The Rotunda läßt sich die weibliche Schickeria San Franciscos beim Lunch sehen.

Nordstrom (S. F. Shopping Center; K 4)
865 Market St. (nahe 5th St.)
Tel. 243-8500
Mo–Sa 9.30–21, So 10–19 Uhr
Muni F, J, K, L, M, N, BART: Powell St., Bus 6, 7, 27, 31, 66, 71, Cable Car PH, PM
Die größte Nordstrom-Filiale der Welt erstreckt sich über fünf Etagen. Designerkleidung, eine große Schuhabteilung u. v. a. m., dazu kundenorientierter Service. Neben dem Kaufhaus finden sich 90 weitere Geschäfte in diesem Shopping Center, vom Brillenladen bis zum Lederwarengeschäft. Genug, um sich einen ganzen Tag dem wildesten Kaufrausch hinzugeben, ohne das Gebäude je verlassen zu müssen.

Saks Fifth Avenue (K 3)
384 Post St. (Union Square)
Tel. 986-4300
Mo–Sa 10–19, Do bis 20, So 12–19 Uhr
Muni F, J, K, L, M, N, BART: Powell St., Bus 6, 7, 27, 31, 66, 71, Cable Car PH, PM
Kleiner Ableger des Haupthauses in New York. Konservative Qualitätskleidung für Sie und Ihn aus den USA und Europa.

Kinder

FAO Schwarz Fifth Avenue (K 4)
48 Stockton St. (nahe Union Square)
Tel. 394-8700
Mo–Sa 10–19, So 11–18 Uhr
Muni F, J, K, L, M, N, BART: Powell St., Cable Car PH, PM
Einer der größten Spielzeugläden San Franciscos.

Walt Disney Store (K 3)
400 Post St. (Union Square)
Tel. 391-6866
Mo–Fr 10–20, Sa 10–18, So 11–17 Uhr
Muni F, J, K, L, M, N, BART: Powell St., Cable Car PH, PM
Was Walt Disney hervorgebracht hat, findet sich in diesem Laden. Puppen, Videos, Kleider und Tassen, von denen u. a. Winnie-the-Pooh zwinkernd herunterblickt.

Kurioses

Botanica Yoruba (J 7)
998 Valencia St. (nahe 21st St.)
Tel. 826-4967
Tgl. 9.30–17.30 Uhr
Bus 26
In diesem unscheinbaren Laden riecht es nach Geheimnis. Neben den bekannten Devotionalien sind die Regale gefüllt mit rätselhaften Pulvern, Seifen, Ölen und Räucherkerzen für religiöse Handlungen, mit Heiligenfiguren, Masken und anderen Objekten, überwiegend aus Südamerika.

Joseph Schmidt (H 6)
3489 16th St. (nahe Market St.)
Tel. 861-8682, 800-861-8682
Mo–Sa 10–18.30 Uhr
Muni J: 16th St.

Garage Sales

Privater Ersatz für Flohmärkte. Sonntags schleppt jeder, der etwas zu verkaufen hat, seine Sachen einfach auf die Straße vor die Haustür, macht es sich in der Sonne gemütlich und wartet auf vorbeispazierende Kundschaft. Vor allem im Castro- und Lower Haight-Viertel. Eine vergnügliche Sonntagsbeschäftigung für Einheimische und Touristen.

Ein Blumenbeet in den zartesten Tönen oder Karnevalsmasken aus Südamerika, Maikäfer und bunte Eier ... und das alles aus feinster Schokolade! Joseph Schmidt, der über Jerusalem nach San Francisco gekommen ist, wird in manchen Publikationen in einem Atemzug mit den besten Schokoladenherstellern der Welt genannt. Hier wird die Pralinenkunst revolutioniert. Die sowohl in Form als auch in Farbe wilden Kreationen sind aus bester belgischer Schokolade handgemacht und originell der Jahreszeit entsprechend verpackt.

Mr. S. Leather Company (K 5)
310 7th St. (nahe Folsom St.)
Tel. 863-7764, 800-746-7677
Mo–Sa 11–19, So 12–18 Uhr
Bus 12
Hier gibt es alles, was das S & M-Herz begehrt. Silberglänzende Metallhelme, alle Arten von Fesseln, Latexanzüge und Peitschen aus Leder, kurz: das gesamte Arsenal für eine voll ausgestattete Folterkammer.

Used Rubber (H 5)
597 Haight St. (nahe Steiner St.)
Tel. 626-7855
So–Mi 12–18, Do–Sa 12–19 Uhr
Bus 6, 7, 61, 66
Wäre Mandana Macpherson nicht im College die Tinte in der Ledertasche ausgelaufen, hätte es diesen Laden nie gegeben. Um weitere Katastrophen zu vermeiden, erfand sie die aus Lkw-Gummischläuchen hergestellten Taschen. Das billige Grundmaterial muß zunächst mühselig gereinigt werden, was den Preis für eine Tasche hochschnellen läßt ($ 46–190). Aber es gibt eine zehnjährige Garantie auf die robusten schwarzen Taschen.

Märkte / Flohmärkte

Alemany Flea Market (südl. K 8)
100 Alemany St. (an der Kreuzung Highway 101 und 280)
Tel. 647-2043
So 8–15 Uhr
Bus 9

Treasure Island Flea Market
Treasure Island
Tel. 255-1923
So 6–16 Uhr
Bus 108
Neuester Flohmarkt von San Francisco. Von alten Quilts bis zu mexikanischem Kunsthandwerk, dazu die Skyline der Stadt.

Farmers' Market (J 5/L 3)
United Nations Plaza Center (Civic Center)
Tel. 558-9455
Mi, So 7–ca. 15, Sa am Embarcadero 8–ca. 13.30 Uhr
Muni F, J, K, L, M, N: Civic Center,
Muni F, J, K, L, M, N: Embarcadero

Ein phantastischer Markt in der Innenstadt. Farmer aus dem Umland verkaufen hier das frischeste Obst und Gemüse, Käse und Honig, Blumen und exotische Gemüse – zu Spottpreisen. Beliebt ist die große Tüte mit Obst oder Gemüse (*1-$-bag*) zum Schleuderpreis.

Mode

Banana Republic (K 3)
256 Grant Ave. (nahe Sutter St.)
Tel. 788-3087
Mo–Sa 9.30–21, So 11–20 Uhr
Muni F, J, K, L, M, N, BART: Montgomery St., Bus 2, 3, 4, 30, 45
Zwei frustrierte Journalisten gründeten diesen auf Tropenkleidung spezialisierten Laden, der sich inzwischen als eine der erfolgreichsten Ketten etabliert hat – und mehr als nur Buschbekleidung verkauft. Ein Blick in die Ausverkaufs-Regale kann angenehme Überraschungen in diesem sonst etwas teuren Laden bringen.

Emporio Armani (K 4)
1 Grant Ave. (nahe Market St.)
Tel. 677-9400
Mo–Fr 10–19, Sa 10–18, So 12–18 Uhr
Muni F, J, K, L, M, N, BART: Powell St., Cable Car PH, PM
Dependance des Topdesigners in einer ehemaligen Bank. Man kann sich auch einfach nur die Räume und die Kleider ansehen und im Café einen Espresso trinken.

Tannery West (K 4)
San Francisco Shopping Center
Tel. 227-0140
Mo–Sa 9.30–20, So 11–18 Uhr
Muni F, J, K, L, M, N, BART: Powell St., Bus 6, 7, 27, 31, 66, 71, Cable Car PH, PM
Kleiner Laden mit Lederjacken und Taschen. Eine schwarze Motorradjacke kann man hier günstig schon für ca. $ 200 finden.

Villains (F 6)
1672 Haight St. (nahe Clayton St.)
Tel. 626-5939

Er traut sich und trägt die Lampe aus der guten Stube als schrille Hutkreation. Bei den Garage Sales kommt alles unter den Hammer

Tgl. 11–19 Uhr
Bus 6, 7, 61, 66
Ein Geschäft für die, die hip und in sein möchten. Von Calvin Klein-Unterwäsche, Diesel- und Levis-Hosen sowie Seidenunterröcken bis zu bunten Plastikjeans kann der modebewußte Szenemensch in diesem großen Geschäft alles finden. Der **Schuhladen** nebenan bietet eine verrückte Auswahl, von knallroten Plateauschuhen bis zu den begehrten Vans. Und wer sich die Preise nicht leisten kann: In der Haight St. gibt es gute **Second-Hand-Läden**, die mit einem Schnäppchen trösten können.

Photos / CDs

Adolph Gasser (L 4)
181 2nd St. (zwischen Mission und Howard St.)
Tel. 495-3852
Mo–Sa 9–18 Uhr
Bus 12, 14, 26, 76
Der seriöse Photoladen für Profis und ambitionierte Laien. Auf drei Etagen kann man kaufen oder mieten, von der Filmkamera über Scheinwerfer bis zu Kamera und Zubehör. Nicht immer am günstigsten, dafür aber sehr gute Beratung.

Amoeba Music (F 6)
1855 Haight St. (nahe Schrader St.)
Tel. 831-1200
Mo–Sa 10.30–22, So 11–21 Uhr
Bus 6, 7, 61, 66
Der legendäre CD-Laden aus Berkeley ist nun auch in die Stadt gezogen. Das absolut vielfältigste Angebot an gebrauchten und neuen Scheiben in einer großen Halle. Geduld und Zeit mitbringen, und ein Schnäppchen ist garantiert.

Photoworks (H 6)
2077-A Market St.
(nahe Church St.)
Tel. 626-6800
Mo–Fr 9–20, Sa 10–20,
So 10–18 Uhr
Muni F, J, K, L, M, N: Church St.
Das Geschäft für Entwicklung und Vergrößerung. Die Preise sind geringfügig höher, garantieren aber hervorragende Farbabzüge.

Ritmo Latino (J 7)
2401 Mission St. (nahe 20th St.)
Tel. 824-8556
Mo–Do und So 10–21.30,
Fr, Sa 10.30–23 Uhr
BART: 16th St., Bus 14, 49
Mitten im Mission District liegt *der* Laden für Salsa und andere lateinamerikanische Musik. Gruppen von Latinos scharen sich um die Regale, die kurios etikettiert sind. Wo sonst findet sich eine Abteilung ›Grupos romanticos‹?

Streetlight Records (H 6)
2350 Market St. (nahe Castro St.)
Tel. 282-8000
Mo–Sa 11–21, So 11–20
Muni F, K, L, M: Castro St.
Filiale: 3979 24th St. (H 8)
(nahe Sanchez St.)
Tel. 282-3550
Mo–Sa 10–22, So 10.30–20.30 Uhr
Muni J: 24th St., Bus 48
Neue und gebrauchte CDs aller Musikrichtungen, mit der Garantie, daß die Tonträger *okay* sind. Hervorragende Fundgrube. Auch die Kästen am Fußboden lohnen einen Blick. Im unteren Stockwerk sind neue CDs untergebracht – zwar keine vollständige Auswahl aller Neuerscheinungen, dafür aber um einiges billiger als anderswo. Die Filiale in der 24th St. bietet eine umfangreichere Klassikabteilung.

Tower Records (J 2)
2525 Jones St.
(Columbus Ave./Bay St.)
Tel. 885-0500
Tgl. 9–24 Uhr
Bus 15, 41, Cable Car PM
Weitere Filiale der bekannten, riesigen Kette. Allerdings sind die Preise nicht immer günstig. Ein Vergleich lohnt, denn die Preisunterschiede gehören zum *American way of shopping*. Neu der ›Classical Annex‹ gegenüber (2568 Jones St.) mit reichem Angebot an klassischer Musik.

Virgin Megastore (K 4)
2 Stockton St. (Ecke Market St.)
Tel. 397-4525
Mo-Do 9–22, Fr-Sa 9–24,
So 10–21 Uhr
Muni F, J, K, L, M, N,
BART: Powell St.
Wie der Name schon andeutet, ein Riese von einem Plattenladen. Auf großen Verkaufsflächen ist alles von Pop bis Klassik im Angebot. Ständig Sonderangebote, die allerdings tgl. wechseln können.

Second Hand / Outlets

Esprit Outlet Store (M 6)
499 Illinois St. (nahe 17th St.)
Tel. 957-2540
Mo–Fr 10–20, Sa 10–19,
So 11–18 Uhr
Bus 15
In der großen Lagerhalle wird die übriggebliebene Esprit-Ware für Damen und Mädchen verramscht. Zwischen 30 und 80 % des Originalpreises kosten hier die Kleider und Taschen. Trotz ungünstiger Lage einen Besuch wert. Der Bus hält in der Nähe des Geschäfts.

Next-to-New Shop (H 3)
2226 Fillmore St. (zwischen Sacramento und Clay St.)
Tel. 567-1627
Mo–Sa 10–16.45 Uhr
Bus 3, 22
In dieser vornehmen Gegend verkauft ein gemeinnütziger Verein die getragenen guten Stücke der betuchten Nachbarn. Die Junior League of S. F. unterstützt mit dem Erlös hilfsbedürftige Frauen und setzt sich ein gegen Gewalt in Familien.

Thrift Town (J 6)
2101 Mission St. (nahe 17th St.)
Tel. 861-1132
Mo–Fr 9–20, Sa 10–19,
So 11–18 Uhr
BART: 16th St., Bus 14, 49
Riesiger Second-Hand-Laden mitten im Mission. Nach Konfektionsgrößen und Farben sortiert, was das Suchen sehr erleichtert. Mit etwas Glück lassen sich hier gute Schnäppchen machen. Hemden für $ 3–6, Jacken um $ 9, an Feiertagen gibt es manchmal bis zu 50 % Rabatt auf alle Kleidungsstücke. 3000 sollen täglich angeliefert werden.

Yerba Buena Square (K 4)
899 Howard St. (nahe 5th St.)
Tel. 974-5136
Tgl. 10–18 Uhr
Bus 12, 27
Shopping Center mit verschiedenen Geschäften unter einem Dach. Hier gibt es erheblich reduzierte Markenschuhe, wie z. B. die Vans, die für die Hälfte zu bekommen sind – je nach Angebot. Das Burlington-Kaufhaus bietet herabgesetzte Kleidungsstücke für Damen und Herren an, von der Jeans bis zu Anzug und Abendkleid.

Beim Ausgehen sollte man nie vergessen, seinen Ausweis mitzunehmen. Es wird rigoros kontrolliert, ob man 21 Jahre alt ist, auch wenn das graue Haar schon mal durchschimmert. Das Alkoholverbot für Minderjährige wird in den USA überall ernst genommen – dem Besitzer des Lokals drohen bei Nichtachtung hohe Geldstrafen.

Überraschen wird viele die unglaublich vitale und hervorragende Musikszene. An einem Freitagabend kann man in San Francisco bis zu 90 verschiedene Veranstaltungen besuchen, wo Bands live spielen. Sie sind ein »hit or miss«, wie der Amerikaner sagt. Mit etwas Glück sieht man eine Gruppe, bei der man sich wundert, vorher noch nichts von ihr gehört zu haben.

Das Publikum, das Clubs mit Live-Musik besucht, ist überwiegend jung und offen, kümmert sich wenig um Abgrenzungen und Definitionen in der Musik und hat hohe Ansprüche an das, was geboten wird. Hier vermischen sich die verschiedenen Szenen der Stadt auf einzigartige Weise.

Bars

Balboa Café (G/H 2)
3199 Fillmore St.
(Ecke Greenwich St.)
Tel. 921-3944
Tgl. 11–2 Uhr
Bus 22, 41, 45
An dem langen Tresen herrscht großes Gedränge, vor allem wenn eine Busladung Jugendlicher auf ihrem nächtlichen Streifzug hier haltmacht. Fillmore/Ecke Greenwich St. ist ein Yuppie-Treff mit drei populären Bars, bekannt als ›The Triangle‹. Auch in der **East Side West** (Tel. 885-4000) und in der **City Tavern** (Tel. 567-0918) finden sich die *suburban singles* zum Kennenlernen und Trinken ein.

Blondies (J 6)
540 Valencia St. (nahe 16th St.)
Tel. 864-2419
Tgl. 14–2 Uhr
Bus 22, 26
Lila Neon bestimmt das Bild innen und außen. An der Bar und den Pooltables ist es besonders am Wochenende voll und laut. Jeden Abend trifft sich eine andere Szene: Am Samstag wird zu den Rhythmen einer Swing-Band getanzt.

butter (J 5)
354 11th St. (nahe Folsom St.)
Tel. 863-5964
Mi–So 17–2 Uhr
Bus 9, 12
So freundlich die gelbe Fassade in die nächtliche Straße blinkt, in so frohen Pastellfarben geht es auch innen zu. Projektionen mit blubbernden bunten Kreisen lockern die Atmosphäre auf. Das gemischte jüngere Publikum gruppiert sich lässig um die große Bar und DJ Lèlè, der für den richtigen *groove* sorgt. Dann wird getanzt, auch

wenn es keine richtige Tanzfläche gibt. Das Whitetrash Bistro bietet typisch amerikanisches Essen für $ 4–6 an.

Dalva (J 6)
3121 16th St. (nahe Valencia St.)
Tel. 252-7740
Sa–Do 16–2, Fr 14–2 Uhr
Bus 22
Wenn die Scheiben der DJs auf den Plattentellern tanzen, dann tost die Stimmung im Dalva. Vor allem das gemischte Jungvolk aus dem Mission District fühlt sich bei HipHop und Djungle wohl.

El Rio (J 8)
3158 Mission St. (nahe Chavez St.)
Tel. 282-3325
Mo 15–24, Di–So 15–2 Uhr
BART: 24th St., Bus 14, 49
Seit 20 Jahren zieht das El Rio mit viel Erfolg gemischtes Volk aus dem Mission District und dem Rest der Stadt an. Jede Nacht wird etwas anderes geboten, um den weiten Weg in diese Bar attraktiv zu machen: Am Freitag gibt es umsonst Austern und dazu eine Global Dance Party, am Montag kostet der Cocktail nur einen Dollar, und am Sonntag kann man draußen auf der hölzernen Terrasse zu den Salsa-Rhythmen einer Live-Band das Tanzbein schwingen. In der Dance Lounge ist jeden Abend Tanz mit verschiedenen DJs, am Samstag mit drei Rockbands.

MECCA (H 6)
s. S. 38

The Red Room (J 3)
im Commodore Hotel
827 Sutter St. (nahe Jones St.)
Tel. 346-7666
Tgl. 17–2 Uhr
Bus 2, 3, 4, 76
Wie der Name schon sagt, alles ist rot hier: die Decke, das Licht, die Trennwand aus Flaschen. Erinnerungen an Beuys' Farbexperimente werden wach. Die Bar mag deshalb so beliebt sein, weil im Rotlicht wirklich jeder gut aussieht. Mitunter muß man Schlange stehen, um hereinzukommen.

Die ›blaue Stunde‹

Die *happy hour* ist die glücklichste Stunde des Cocktail-Liebhabers. Dann werden die Drinks billiger, in manchen Bars erhält man zwei zum Preis für einen. In San Francisco gibt es dazu gelegentlich auch Gratis-Häppchen. Die Cadillac Bar (K 4; 325 Minna St./Tel. 543-8226) reicht wochentags von 16–18.30 Uhr mexikanische Snacks. So viel Dim Sum, wie man essen kann, gibt's für $ 6 wochentags von 17–19 Uhr im Tonga Room des Fairmont Hotel (K 3; 950 Mason St./Tel. 772-5278). Diese polynesisch dekorierte Bar existiert seit den 40er Jahren des 20. Jh. In SoMa, im Eddie Rickenbacker's (L 4; 133 2nd St./Tel. 543-3498), kann man sich wochentags von 17–19 Uhr an kostenlosen Snacks und *happy cocktails* laben.

Bars mit Aussicht

Grand View (K 3)
Im Grand Hyatt San Francisco,
345 Stockton St. (zwischen
Post und Sutter St.)
Tel. 398-1234
Tgl. 11–1 Uhr
Muni F, J, K, L, N: Powell St.,
Bus 30, 45
Irgend jemand nannte es »einen der besten Plätze im nördlichen Kalifornien, um zu küssen«. Im 36. Stockwerk, bei grandioser Aussicht, begleitet von den Jazzklängen des Pianisten lädt die Bar zur Überprüfung der Behauptung ein.

Crown Room (K 3)
Im Fairmont Hotel,
950 Mason St. (Nob Hill)
Tel. 772-5131
Tgl. 16–24 Uhr
Cable Car C
Die opulente Halle des altertümlichen Fairmont Hotel ist schon einen Blick wert, doch sollte man sich die Bar im obersten Stockwerk auf keinen Fall entgehen lassen. Der Skylift steigt an der Außenfassade des Hotels langsam in die Höhe und bringt Gäste in den Crown Room, eine etwas altmodische Hotelbar aus den 60er Jahren des 20. Jh. Die Kellner sind durchweg älteren Semesters und sehr aufmerksam. Die Aussicht auf die Stadt ist von hier oben hervorragend.

Jeder sieht hier gut aus – das Rotlicht im Red Room macht's

Equinox (L 3)
Im Hyatt Regency Hotel,
5 Embarcadero Center
Tel. 788-1234
Mo–Do 16–24, Fr 16–1,
Sa 12–1, So 10.30–24 Uhr
Muni F, J, K, L, M, N: Embarcadero
Die Gäste rasen mit dem Fahrstuhl durch die eindrucksvolle Hotelhalle mit ihren Galerien und Kaskaden hinauf ins Equinox, dem sich um 360 Grad drehenden Restaurant – mit Rundumblick auf den Financial District und die East Bay. Wer hier nicht essen will (teuer!), kann auch einfach einen Cocktail zu sich nehmen und die Aussicht genießen.

Top of the Mark (K 3)
Im Mark Hopkins Hotel, 1 Nob Hill
Tel. 616-6916
Mo–Sa 15–0.30, So 16–0.30,
So Brunch ($ 39) 10–14 Uhr
Cable Car C
Völlig umgebaute Bar im obersten Stockwerk des renommierten Hotels mit prächtiger Aussicht auf die Stadt. Dezent modern, hell und offen präsentiert sich das Top of the Mark. Das Geplauder der Gäste wird begleitet von den Klängen eines Barpianisten (Mo–Fr 16–20 Uhr) und abends von einer Live-Band (tgl. 20.30–0.30 Uhr), die zum Tanzen einlädt.

Clubs mit Live-Musik

Bruno's (J 7)
2389 Mission St. (nahe 20th St.)
Tel. 550-7455
Mo–Sa 18–2, Dinner Di, Mi 18.30–23, Do–Sa 18.30–24 Uhr
Bus 14, 49
Mit der Eröffnung dieses großen und populären Clubs sind die Weichen für die Veränderung der Mission St. (s. Extra-Tour 2, S. 86f.) endgültig gestellt worden. Im schicken Ambiente läßt sich zu wechselnder Live-Musik gut dinieren. Jazz wird in der Main Lounge oder im kleinen, intimen Cork Club gespielt, besucht von einem gemischten jungen Publikum.

Café du Nord (H 6)
2170 Market St. (Sanchez St.)
Tel. 861-5016
So–Di 18–2, Mi–Sa 16–2 Uhr
Muni F, J, K, L, M: Church St.
Eine steile Treppe führt hinunter in die rote Katakombe, wo täglich neue Bands spielen, wo man sich am Billardtisch die Zeit vertreibt oder einfach nur die Nightclub-Atmosphäre dieses Underground-Clubs genießt. Am Dienstag wird Salsa, am Samstag Swing und am Sonntag Jazz gespielt. Wem die Musik hier gefällt, der kann CDs erstehen, auf denen die erfolgreichsten Bands des Café du Nord zu hören sind.

Elbo Room (J 6)
647 Valencia St.
(zwischen 17th und 18th St.)
Tel. 552-7788
Tgl. 17–2 Uhr
Bus 26
Unten in der mit Billardtischen und Videoleinwand ausgestatteten Bar fällt es schwer, sich zu unterhalten. Im Raum darüber wird jeden

***Dancing Queen* – Königin für eine Disco-Nacht**

Abend andere Live-Musik geboten – alles von Jazz, HipHop bis zu gefühlvollem Samba. Insider gehen gezielt in den Elbo Room, der vor allem am Wochenende gut besucht ist, um ihre Gruppen zu hören.

Holy Cow (J 5)
1531 Folsom St.
(zwischen 11th und 12th St.)
Tel. 621-6087
Tgl. 20–2 Uhr, *happy hour* 20–22 Uhr
Bus 9, 12
Über dem Eingang schwebt gut sichtbar die schwarzgefleckte Kuh. Jeden Abend ist hier Disco mit freiem Eintritt, seit Jahren gerne von Yuppies und anderen gutbürgerlichen jungen Leuten besucht. An Szenen aus einem Western erinnert die große Bar in der Mitte; auf der Tanzfläche herrscht viel Geschrei und laute Fröhlichkeit.

Julie's Supper Club (K 5)
1123 Folsom St. (nahe 7th St.)
Tel. 861-4084

Nightclub-Atmosphäre hinter bunter Fassade – Julie's Supper Club

Mo–Sa 17–2 Uhr, *happy hour* Mo–Fr 17–19 Uhr
Bus 12
Seit zehn Jahren ein Erfolgsrezept: die Jazz Lounge mit Live-Musik. Man lauscht den täglich wechselnden guten Jazz- und Bluesbands, nimmt in der 50er-Jahre-Atmosphäre im hinteren Speiseraum an weißgedeckten Tischen kalifornische Snacks zu sich (nur bis 22 Uhr) oder nippt am späteren Abend vorne an der Bar an einem Cocktail – dieser Club verspricht jedenfalls gediegene Nightlife-Stimmung.

Paradise Lounge (J 5)
308 11th St. (Ecke Folsom St.)
Tel. 861-6906
Tgl. 15–2 Uhr, *happy hour* 15–20 Uhr
Bus 9, 12
Unterhaltung bis zum Umkippen – mit täglich wechselnden Attraktionen, die auf zwei Etagen mit unterschiedlichen Bühnen ausgelebt werden. So kann im Transmission Theater ein Ringkampf stattfinden, während im Blue Room eine Rockband spielt und auf zwei weiteren Bühnen andere Gruppen auf ihren Auftritt warten. Die Räume sind schwarz und dunkel, die Leute hip. Tanzen muß man allerdings woanders.

The Hotel Utah Saloon (L 5)
500 4th St. (nahe Bryant St.)
Tel. 421-8308
Mo–Fr 11.30–2, Sa, So 18–2 Uhr
Bus 30, 45, 76
Wer die abgewrackte Bar betritt, glaubt sich in einen Western Saloon versetzt. Hinten, im Souterrain, befindet sich eine kleine Bühne, auf der täglich Live-Konzerte stattfinden – von Country Folk bis zu Pop alles außer Heavy Metal.

330 Ritch (L 4)
330 Ritch St. (nahe 3rd St.)
Tel. 541-9574
Mi–Fr 17–2, Sa 19–2, So 10–22 Uhr
Bus 15, 30, 45
Am Ende der Stadt, in einer von roten Backsteingebäuden gesäum-

ten Nebenstraße, befindet sich dieser schöne kleine Club, wo gegessen und getanzt werden kann. Mittwochs gibt es Live-Musik, an den anderen Abenden legen DJs Salsa- und Retro-Musik der 70er und 80er Jahre des 20. Jh. auf. Das Publikum ist gemischt, vor allem Farbige und Latinos trifft man hier.

Up & Down Club (K 5)
1151 Folsom St.
(zwischen 7th und 8th St.)
Tel. 626-2388
Do–So 21–2 Uhr
Bus 12
Einer der empfehlenswertesten Danceclubs der Stadt. Der Club der jungen, smarten Leute. Auf zwei Tanzflächen verteilt treffen sich hier die Schönheiten der Stadt. Unten tanzt man zu Soul, während oben zu Funk und Hip-Hop die Hüften geschwungen werden. Jeden Donnerstag gibt es Live-Musik.

Dance Clubs

DNA Lounge (J 5)
375 11th St. (nahe Folsom St.)
Tel. 626-2532
Tgl. 21–3 Uhr
Bus 9, 12
Zu den verschiedensten Stilrichtungen wird hier unter der Woche durchgetanzt, am Freitag und Samstag zur Musik einer Live-Band. Das Geschehen in der mittelgroßen Disco läßt sich von der Galerie aus sicherer Entfernung beobachten.

liquid (J 6)
2925 16th St. (zwischen Mission St. und South Van Ness Ave.)
Tel. 431-8889
Tgl. 19–2 Uhr
BART: 16th St., Bus 14, 22, 49

Immer in Bewegung ...

Die Szene San Franciscos verändert sich schnell. Viele Dance Clubs beherbergen manchmal täglich einen anderen Veranstalter. Ein Anruf kurz zuvor gibt Auskunft darüber, was an dem jeweiligen Abend stattfindet. Die Stadtzeitschriften veröffentlichen zudem eine ausführliche Liste mit den jeweiligen Events.

Der neue Hip-Club im Mission. Trendy eingerichtet, jeden Abend ein anderer DJ – und alle, die in und unter 30 sind, gehen hin.

Nicky's BBQ (H 5)
460 Haight St. (zwischen Fillmore und Webster St.)
Tel. 621-6508
Do–Di 21–2, *happy hour* 21–22 Uhr
Bus 6, 7, 22, 66, 71
Vor 20 Jahren war es noch ein BBQ (= Barbecue) Laden, nun ist nur noch der Name des alten Besitzers übriggeblieben. Seit 1989 eine der Discos, die sich ununterbrochener Beliebtheit unter den Einheimischen erfreuen. Rotes Licht, aufgelockert durch bunte Lichterketten, dazu gute DJ-Musik, von HipHop (Do) über Disco/Funk/Soul (Fr und Sa) zur Grateful Dead Night (Mo). Wo sich Nick's Küche befand, ist jetzt die **Back Bar,** und da darf trotz kalifornischen Rauchverbots alles gequalmt werden.

Heiß geliebt: der gute alte Bauchladen

Sound Factory (L 4)
525 Harrison St. (nahe 1st St.)
Tel. 339-8686
Fr, Sa 21.30–4.30 Uhr
Bus 76
Der großzügig angelegte Club zählt seit Jahren zu den beliebtesten, vor allem bei den jüngeren Partygängern. Während im Blue Room House Music erklingt, ist in der Red Zone Funk und Soul zu hören.

1015 Folsom (K 5)
1015 Folsom St. (nahe 6th St.)
Tel. 431-1200
Mi–So 22–6 Uhr
Bus 9,12
So wie der Club seine Dekoration jeden zweiten Monat verändert, so verschieden gestalten sich die täglich wechselnden Parties. Das Publikum ist – eine Seltenheit in San Francisco – vollkommen gemischt. Hetero- und bisexuell, schwul und lesbisch. Je nach Veranstaltung überwiegt das eine oder andere. Freitag und Samstag wird der Club eher von Heterosexuellen besucht, am 1. und 2. So des Monats von Schwulen.

The Top (H 5)
424 Haight St. (zwischen Fillmore und Webster St.)
Tel. 864-7386
Tgl. 19–2 Uhr
Bus 6, 7, 22, 66, 71
Der kleine Club im Lower Haight spielt Gastgeber für DJs aller Herren Länder. Bei Kerzenschein kann man sich auf der Couch einfach zurücklehnen und den Drehungen des Plattenmixers akustisch folgen, oder auf der kleinen Tanzfläche dazu tanzen. Diese Bar gilt als eine der besten Musikadressen in der Haight Street.

Gay & Lesbian

Club Asia (L 4/5)
174 King St.
(zwischen 2nd und 3rd St.)
Tel. 285-2742
2. und 4. Fr 22–6 Uhr
Bus 76
Treffpunkt der attraktivsten asiatischen Männer und ihrer Bewunderer an jedem 2. und 4. Freitag im Monat. In der großen Disco geht es dann bei guter Musik heiß zu.

Club Townsend (L 4)
177 Townsend St. (nahe 2nd St.)
Tel. 289-6699
Unterschiedliche Öffnungszeiten
Bus 15, 76
Am besten telefonisch nachfragen, was läuft. Am Sonntag findet der ›Pleasuredome‹ statt – *die* angesagte Disco für Schwule, am ersten Freitag jeden Monats der ›Club Q‹, die Disco für Sie mit den 1000 schönsten Frauen der Stadt.

Detour (H 6)
2348 Market St. (nahe Castro St.)
Tel. 861-6053
Tgl. 14–2 Uhr
Muni F, K, L, M: Castro St.
In der dunklen Bar reihen sich die jungen Männer entlang eines Maschendrahts und der langen Bar. Ein beliebter Treffpunkt der smarten jungen Szene.

Eagle (J 5)
398 12th St. (nahe Folsom St.)
Tel. 626-0880
Tgl. 12–2 Uhr
Bus 12
Eine der ältesten Lederbars San Franciscos. Sonntag nachmittags ist der *Beer Bust* – viel Bier für wenig Geld – sehr beliebt, der sich bis in die Nacht zieht.

Rawhide II (K 5)
280 7th St. (nahe Folsom St.)
Tel. 621-1197
Mo–Do 16–2, Fr–So 12–2 Uhr
Bus 12
Country & Western-Paartanz für Schwule und Lesben – der einzige dieser Art in der Stadt überhaupt. Hier schwingen die Squaredance-MeisterInnen ihre Tanzbeine.

The Cafe (H 6)
2367 Market St. (nahe Castro St.)
Tel. 861-3846
Tgl. 12.30–2 Uhr
Muni F, K, L, M: Castro St.
Disco, Billard spielen, draußen sitzen, so lautet das Programm des schwul-lesbischen jungen Publikums, das nicht zu modisch, nicht zu hart und nicht zu gewagt auftritt. Das ganz normale Tanzpublikum im friedlichen Nebeneinander.

The Coco Club (K 5)
139 8th St. (Minna St.)
Tel. 626-2337
Nur an bestimmten Abenden geöffnet. Vorher anrufen.
Bus 19, 26
Von Lesben geführter Club mit wechselnden Angeboten, von Disco über Comedy Shows bis zu Live-Konzerten. Im Restaurant oben kann gegessen werden (**Chathouse**, Tel. 255-8783; Mo–Fr 7.30–18, Sa und So 9–15 Uhr Brunch), bevor es in den Keller geht. Männer sind willkommen.

Pubs / Microbreweries

Beach Chalet (A 7)
s. S. 41 und Extra-Tour 1, S. 85

Gordon Biersch Brewing Company (M 3)
2 Harrison St. (am Embarcadero)
Tel. 243-8246
So, Mo 11.30–23.30, Di–Do 11.30–24, Fr, Sa 11.30–2 Uhr
Muni J, K, L, M, N: Embarcadero
Bei Jugendlichen populärer Pub.

Twenty Tank Brewery (J 5)
316 11th St. (nahe Folsom St.)
Tel. 255-9455
Tgl. 11.30–2 Uhr
Bus 9
Starke Stimmuskulatur ist erforderlich, will man sich unterhalten. Wie in einer deutschen Bierhalle wird das hier gebraute englische Bier literweise hinuntergestürzt, und bei jeder Runde erhöht sich der Geräuschpegel. Studenten reagieren im Twenty Tank den Frust der Woche ab und essen dabei Snacks, von Pizza bis Tex-Mex-Food.

Die **Theaterszene** San Franciscos läßt sich nicht mit der von New York oder Los Angeles vergleichen, auch wenn hier Komiker wie Whoopi Goldberg, Robin Williams und Eric Bogosian zu Beginn ihrer Karriere gefeiert wurden oder der Autor Tony Kushner sein Aids-Stück »Angels in America« erfolgreich entwickelte. Eine interessante experimentelle Szene mit stetig wechselnden Stücken sowie zwei gute Repertoire-Theater (American Conservatory Theater und Berkeley Repertory Theater; s. S. 63) existieren in der Stadt. Auch Broadway-Aufführungen halten Einzug, z. B. mit dem Musical »Phantom der Oper«. Inzwischen eine Institution ist die seit 1974 laufende Show »Beach Blanket Babylon« (im Club Fugazi, K 2, 678 Green St., Tel. 421-4222).

Die aktuellen Theaterangebote finden sich in der Sonntagsausgabe von »Chronicle« oder »Examiner« im *datebook*.

Eine andere kulturelle Alternative für den Abend sind die **Comedy Clubs**, in denen sogenannte *stand-up-comedians* die Zuschauer zum Lachen bringen. Mit etwas Glück erlebt man die Entdeckung eines Talents. Außerdem erlaubt der Humor einen Einblick in die amerikanische Kultur.

Opernfans haben inzwischen wieder Oberwasser: Die **Oper** mußte lange wegen Erdbebenschäden in ein Notquartier ausweichen, darf aber seit der Eröffnung des War Memorial Opera House (s. S. 63) im September 1997 wieder aus dem vollen schöpfen. Außerdem hat mit dem Ruf Michael Tilson Thomas' als Chefdirigent des San Francisco Symphony Orchestra (s. S. 62f.) die Qualität dieses Klangkörpers wieder erheblich zugenommen. Interessante Programme mit neuen, auch amerikanischen Werken machen den Besuch der Davies Symphony Hall lohnenswert.

Karten zum halben Preis für Oper, Theater und Tanz verkauft am Tag der Aufführung:

TIX Bay Area (K 3)
251 Stockton St.
(nahe Union Square)
Tel. 433-7827
Di–Do 11–18, Fr, Sa 11–19 Uhr
Bus 2, 3, 4, 30, 45, 76
Karten für So, Mo können Sa gekauft werden. Keine Kreditkarten.

In San Francisco gibt es zahlreiche **Ballett**festivals, auch wenn die Saison des San Francisco Ballet (s. S. 63) nur kurz ist. Bei diesen Veranstaltungen kann man kleinere Kompanien aus den USA und dem Ausland sehen. In Oakland finden im Sommer die Bay Area Dance Series (Tel. 510-464-3234) statt, in San Francisco im Frühjahr das Edge Festival (Tel. 824-5044) und von September bis Mai die San Francisco Performances (Tel. 398-6449). »Arts Monthly« ist die beste Quelle für aktuelle Informationen zu Tanzveranstaltungen. Die Zeitschrift wird kostenlos im Touristenbüro an der Powell St. (s. S. 16) abgegeben.

Auch für **Film**liebhaber hat die Stadt viel zu bieten: mehr als zehn Filmfestivals, eine abwechslungsreiche Palette in den Programmkinos und die Möglichkeit, am Originaldrehort Kultfilme Revue passieren zu lassen. Das Touristenbüro an der Powell St. (s. S. 16) verkauft eine Stadtkarte (»The San Francisco Movie Map«, $ 6,50), in der über 100 Drehorte eingezeichnet sind. In 1360 Montgomery St. kann man z. B. die Wohnung Lauren Bacalls im Film »Dark Passage« begutachten oder im Steinhart Aquarium auf den Spuren von Orson Welles und Rita Hayworth in dem Streifen »Lady from Shanghai« spazieren. Neben den üblichen Kinoketten mit den neuesten Hollywood-Produktionen gibt es zahlreiche Filmtheater und Institutionen, die interessante und selten aufgeführte Streifen, auch Dokumentarfilme, bringen. Im Juni 1999 eröffnete das brandneue **Metreon** von Sony mit unzähligen Kinos und anderen Vergnügungen (s. S. 62).

Feiertage

1. Jan.: *New Year's Day*
3. Mo im Jan.: *Martin Luther King Day*
3. Mo im Feb.: *President's Day*
letzter Mo im Mai: *Memorial Day*
4. Juli: *Independence Day*
1. Mo im Sept.: *Labor Day*
2. Mo im Okt.: *Columbus Day*
1. Di im Nov.: *Election Day*
11. Nov.: *Veteran's Day*
4. Do im Nov.: *Thanksgiving Day*
25. Dez.: *Christmas Day*

Feste & Festivals

Jan.–Juni

St. Patrick's Day (So vor dem 17. März): Irische Parade, die mit ausgelassenem Trinken in den Pubs bis spät in die Nacht gefeiert wird (Tel. 510-339-1116).

Tulip Mania (im März): Frühlingsschau mit über 35 000 Tulpen am Pier 39 (Tel. 981-7437).

Cherry Blossom Festival (2 Wochenenden im April): Parade zur

Feste wie Cinco de Mayo werden fröhlich und ausgelassen gefeiert – *have fun* lautet schließlich das Motto der Stadt –, und *jeder* feiert mit

Träume werden wahr: Der Hörfunkjournalist Don Allen setzte seinen Wunsch, nur seine Lieblingsmusik zu hören, im Radio Valencia in die Tat um

Kirschblüte mit Tanz und Trommeln in Japantown (Tel. 563-2313).

San Francisco International Film Festival (Mitte April–Anfang Mai): Internationales Filmfestival mit Schwerpunkt auf unabhängig produzierten Dokumentarfilmen und Filmen aus der Dritten Welt (Tel. 931-3456, 929-5000).

Cinco de Mayo (Wochenende um den 5. Mai): Mexikanisches Fest zur Erinnerung an den Sieg über die französischen Truppen bei Puebla 1862 (Tel. 826-1401).

Haight Street Fair (2. So im Juni): Straßenfest mit Musik und Tanz, Essen und Trinken im ehemaligen *Summer-of-Love*-Viertel (Tel. 661-8025).

Lesbian and Gay Freedom Day Parade (4. So im Juni): Parade von der Castro St. zum Civic Center. Erinnert an die Demonstrationen und Aufstände nach der Polizeirazzia im Stonewall Inn in New York im Juni 1969, die den Beginn der schwulen Emanzipation in den USA markierten (Tel. 864-3733).

Stern Grove Midsummer Music Festival (Mitte Juni–Mitte Aug.): Diese Gratiskonzerte der klassischen und der Jazzmusik gibt es seit 60 Jahren. Bei Barbecue und Bier ohne Kleiderzwang Musik genießen (Tel. 252-6252).

Juli–Dezember

Independence Day (4. Juli): Der Unabhängigkeitstag wird u. a. mit einem großen Feuerwerk über der Bay begangen (um 21 Uhr; Tel. 777-8498).

San Francisco Symphony Pops (Juli und Aug.): Populäre Konzerte mit dem einheimischen Symphonieorchester (Tel. 864-6000).

Opera in the Park (1. So nach Saisonbeginn): Freikonzert im Golden Gate Park zum Start der Opernsaison (Tel. 864-3330).

Fleet Week Celebration (Columbus-Day-Wochenende): Spektakel der US-Navy zu Wasser und zu Lande – für den einen Verschwendung von Steuergeldern, für den anderen ein wahrgewordener »Top-Gun«-Traum (Tel. 650-378-4700).

San Francisco Jazz Festival (2. Oktoberhälfte): Jazzkonzerte mit z. T. prominenten Musikern an verschiedenen Orten (Tel. 788-7353).

Halloween in the Castro (31. Okt.): Ein Karnevalstreiben im Herbst, das man nicht verpassen sollte. Jeder kann sich verkleiden – je gruseliger, desto besser. Gleichzeitig ist es auch das Fest der Transvestiten, die mit ihren üppig-teuren Kreationen jede Hollywood-Diva vor Neid erblassen lassen.

Día de los Muertos (2. Nov.): Mexikanisches Totenfest mit einer Prozession und speziellen Speisen im Mission District (Tel. 821-1155).

Avantgarde

Beanbender's (Nebenkarte)
Berkeley Store Gallery, 2295 Shattuck Ave. (Bancroft). Berkeley
Tel. 621-1967 (Ansage für genauen Ort, für Zeit und Programm)
Fünf Musiker begründeten diese wöchentlich am Sonntag stattfindenden Konzerte, bei denen Instrumentalisten aller Richtungen zusammenkommen und improvisieren. Sie alle sind auf der Suche nach Grenzerweiterungen in der Musik.

Great American Music Hall (J 4)
859 O'Farrell St.
(zwischen Polk und Larkin St.)
Tel. 885-0750
Bus 19, 38, 42, 47, 49
Wie zu Goldgräberzeiten fühlt man sich in diesem alten Theater mit seinem roten Plüsch und den kleinen Tischen. Das vielfältige Programm reicht von Jazzdarbietungen über Pop-Konzerte bis zu Auftritten von *stand-up*-Komikern.

New Langston Arts (K 5)
1246 Folsom St. (nahe 8th St.)
Tel. 626-5416
Mi–Sa 12–17 Uhr (Galerie)
Bus 12, 19
Multimedia, Musik, Literatur – diese angesehene Galerie veranstaltet verschiedene Ausstellungen und Konzerte für experimentelle Kunst. Lokale und nationale Künstler.

Radio Valencia (J 7)
1199 Valencia St. (Ecke 23rd St.)
Tel. 826-1199
Mo, Di 17–23.30, Mi–Do 12–23.30, Fr und Sa 12–24 Uhr
Bus 26
Der ehemalige Rundfunkjournalist Don Allen hat sich hier seinen

»Hit or miss«

San Franciscos Musikszene liebt die Improvisation. Musiker kommen zusammen und spielen. Verdient wird, was an der Abendkasse reinkommt. In manchem Club kann man – so man Glück hat – Überraschungen erleben. Treffer oder Nieten ... Das Programm wechselt ständig. Neugier und musikalische Abenteuerlust sind also gefragt. Ein Blick in die Gratiszeitschrift »BAM«, die in Musikgeschäften und Cafés ausliegt, hilft.

Wunsch erfüllt, die Musik zu hören, die ihm am besten gefällt. Von Freitag bis Sonntag treten in dem kleinen Restaurant Bands auf, die von Swing Jazz über Bluegrass bis hin zu experimenteller improvisierter Musik alles spielen. Tagsüber läuft ein außergewöhnliches Musikprogramm vom Band. Wer Hunger hat: Es gibt einfache mexikanisch-kalifornische Küche.

Comedy Clubs

Cobb's Comedy Club (J 1)
2801 Leavenworth St.
(nahe Beach St.)
Tel. 928-4320
Tgl. variierende Zeiten, meist ab 20 oder 21 Uhr
Bus 30, Cable Car PH
Berühmte amerikanische Komiker aus Film und TV treten hier auf, während neue Talente sich in den ›Open Mike Nights‹ versuchen.

Punch Line San Francisco (L 3)
444 Battery St. (zwischen Clay und Washington St.)
Tel. 397-7573
So–Do 21, Fr, Sa 21 und 23 Uhr
Bus 1, 12, 41
Montags ist Live Show, die auch über das Internet zu sehen ist (www.comedynet.com). Dienstag bis Samstag treten professionelle Komiker auf, während am Sonntag lokale Komiker und mutige Gäste ihre Wirkung auf die Lachnerven des Publikums testen können.

Kino

Castro Theater (H 6)
429 Castro St. (nahe Market St.)
Tel. 621-6120
Muni F, K, L, M: Castro St.,
Bus 8, 24, 33, 35, 37
Tickets: $ 6
Das opulente Interieur läßt an ein maßlos übertriebenes, schwülstiges italienisches Opernhaus denken: Säulen, gemalte Landschaften und neckische Balkone zieren dieses Kino. Zur Einstimmung taucht vor jeder Abendvorstellung eine weiße Wurlitzerorgel samt Organist aus der Versenkung auf.

Metreon (K 4)
4th St. (zwischen Mission und Howard St.)
Tel. 537-3400
Tgl. 10–22 Uhr (Kinos und Restaurants auch länger)
Bus 30, 45, 76
Das 1999 neu eröffnete Unterhaltungszentrum von Sony in Downtown für die ganze Familie, mit Shopping, Imax-Kino, 15 weiteren Kinos, 3-D-Attraktionen u. v. m.

The Paramount (Nebenkarte)
2025 Broadway (zwischen 20th und 21st St.), Oakland
Tel. 510-465-6400
BART: 19th St.
Tickets: ab $ 5
Sehr gut erhaltener Filmpalast im Art déco-Stil der 30er Jahre des 20. Jh., der als Kino und Theater genutzt wird. Es finden auch Führungen statt (1. und 3. Sa des Monats um 10 Uhr am Eingang 24th St. und Broadway, $ 1, Dauer ca. 2 Std.).

The San Francisco Cinematheque (K 6)
480 Potrero Ave.
(zwischen 17th und Mariposa St.)
Tel. 558-8129
Bus 22
Tickets: ab $ 6
Zeigt interessante neue und experimentelle Filme, die sonst kaum zu sehen sind.

Klassik & Oper

Louise M. Davies Symphony Hall (J 5)
201 Van Ness Ave.
(nahe Grove St.)
Tel. 864-6000
Muni F, J, K, L, M, N,
BART: Civic Center
Sept.–Mai
Tickets: $ 26–73
Der 1980 eröffnete und kürzlich akustisch aufgebesserte Konzertsaal bietet den Rahmen für Tilson Thomas' musikalische Wanderungen, die häufig auch in die Moderne führen. Ob Musik von John Adams oder Lou Harrison, Gershwin oder Beethoven, hier werden die Programme so konzipiert, daß nicht nur der Liebhaber klassischer Musik auf seine Kosten kommt.

War Memorial Opera House (J 5)
301 Van Ness Ave.
(nahe Grove St.)
Tel. 864-3330, 865-2000
Muni F, J, K, L, M, N,
BART: Civic Center
Sept.–Dez.
Tickets: $ 21–135
Gehört zu den vier wichtigen Opernhäusern der USA – neben New York, Houston und Chicago. Starbesetzung in meist moderat-modernen Inszenierungen.

Tanz & Ballett

San Francisco Ballet (J 5)
War Memorial Opera House,
301 Van Ness Ave.
(nahe Grove St.)
Tel. 864-3330, 865-2000
Muni F, J, K, L, M, N,
BART: Civic Center
Feb.–Mai
Tickets: $ 18–85
Das 1933 gegründete Ballett – heute eine international gefeierte Truppe – gehört zu den ältesten Amerikas. Choreographien von George Balanchine, Jerome Robbins und dem Chefchoreographen Helgi Tomasson mit Musik von Richard Strauss, George Delerue oder Nino Rota.

Theater & Musical

American Conservatory Theater (ACT; K 4)
Geary Theater,
415 Geary St.
(zwischen Mason und Taylor St.)
Tel. 749-2228
Muni F, J, K, L, M, N,
BART: Powell St., Bus 27, 38
Repertoire-Theater – klassisch bis modern – im neu renovierten, erdbebensicheren Geary Theater.

Berkeley Repertory Theater (Nebenkarte)
2025 Addison St. (zwischen Shattuck Ave. und Milvia St.),
Berkeley
Tel. 510-845-4700
BART: Berkeley
Innovatives Theater, das das klassische Repertoire pflegt aber auch neue Stücke entwickelt. Tickets zum halben Preis – soweit Plätze vorhanden – an der Abendkasse.

Magic Theater (H 2)
Building D, Fort Mason Center
(Laguna und Buchanan St.)
Tel. 441-8822
Bus 28: Fort Mason
Sam Shepard gehörte zu den Autoren des Magic Theater, das sich Stücken mit politischen und sozialen Themen verschrieben hat. Das Magic zählt zu den Theatern, die neue Werke entwickeln und in guten Inszenierungen zeigen.

Freizeit & Fitness

Zum Zuschauen

Baseball
Spiele von den Giants und den A's von April–Okt. ($ 4.50–20).

Oakland A's (Oakland Athletics)
Oakland-Alameda County Coliseum Complex, Oakland (Nebenkarte)
Tel. 510-638-0500
BART: Coliseum

San Francisco Giants
Candlestick Park, Giants Drive (nahe Gilman Ave.; außerhalb)
Tel. 467-8000
Spezialbus: 47x an der Van Ness Ave./Ecke Market St. oder 28x an der Funston St./Ecke California

Basketball
Die Warriors spielen in der National Basketball Association, und die Damen der Stanford Cardinal sind der ganze Stolz des nördlichen Kaliforniens. Spielzeit Nov.–Mai. Eintrittspreise $ 7–60.

Golden State Warriors
s. o. Oakland A's

Stanford Cardinal
Maples Pavilion, Palo Alto (Nebenkarte)
Tel. 650-723-1021, 800-232-8225
CalTrain bis Palo Alto

Football
Der Sport wird immer beliebter, die Karten immer rarer. Spielzeit Aug.–Dez., jeweils So, $ 12–50.

Oakland Raiders
s. o. Oakland A's

San Francisco Forty-Niners
s. o. San Francisco Giants

University of California (Berkeley)
California Memorial Stadium, Piedmont Ave. (nahe Bancroft Way, UC Berkeley), Berkeley (Nebenkarte)
Tel. 800-462-3277
BART: Berkeley, dann Pendelbus zum Stadion

Zum Mitmachen

Boote
An einem schönen Tag kann man am Stow Lake im Golden Gate Park (Tel. 752-0347) oder auch am Meer in der Bay ein Segelboot oder Kajaks (Tel. 510-893-7833) für $ 8–12 pro Std. mieten.

Fahrrad
Die steilen Hügel mag mancher lieber meiden, will er San Francisco heil per Fahrrad erkunden. Gefährlich sind auch die Autofahrer, die Radfahrer als Freiwild betrachten. Durch den Golden Gate Park oder über die Golden Gate Bridge (Tagesausflug) radeln ist allerdings das Risiko wert. Verschiedene Vermieter bieten *bikes* an. In den BART-Zügen sowie auf den Fähren kann man Räder mitnehmen.

San Francisco Wheels Bike & Scooter Rentals (J 1)
2715 Hyde St.
(Fisherman's Wharf)
Tel. 931-0234
Fahrräder: $ 5/Std., $ 25/Tag, $ 90/Woche; Motorroller: $ 45–110/Tag, $ 225–450/Woche

Schwimmen

Das Meer ist meist zu kalt zum Schwimmen. Einige Fitneß-Center bieten Tagespässe an, die die Benutzung des Pools erlauben.

YMCA Embarcadero (L 3)
169 Steuart St. (nahe Mission St.)
Tel. 957-9622
Muni F, J, K, L, M, N, BART: Embarcadero, Bus 2, 7, 8, 9, 14, 21, 31
Mo–Fr 5.30–22, Sa 8–20,
So 9–18 Uhr
Tagespaß: $ 12

San Francisco mit Kindern

Bay Area Discovery Museum (nördlich D 1)
557 McReynolds Road, East Fort Baker (nahe Nordende der Golden Gate Bridge/Sausalito)
Tel. 487-4398
Di–Do 9–16, Fr–So 10–17 Uhr
Erw. $ 7, Kinder unter 18 Jahren $ 6, unter 1 Jahr frei
In diesem Museum werden Kinder spielerisch an Kunst, Naturwissenschaften und Multimedia herangeführt. Im Media Center lernen sie Graphiken auf dem Computer zu erstellen, im Art Room dürfen sie zeichnen und modellieren. Die Größeren können den San Francisco Bay Room erforschen. Cafeteria und Picknicktische im Freien.

Children's Garden/Carousel/Zeum (L 4)
Yerba Buena Gardens (Howard St., Ecke 4th St. – auf dem Dach des Moscone Convention Center)
Tel. 442-0145
www.zeum.org
Mi–Fr 12–18, Sa und So 11–17 Uhr
Erw. $ 7, Senioren und Studenten $ 6, Jugendliche von 5–18 Jahren $ 5, unter 5 Jahren frei
56 Mio. Dollar ließ sich das Yerba Buena Center ein Zentrum für Kinder in der Innenstadt kosten, das im September 1998 seine Tore öffnete. Karussell, Eislaufbahn, ein High-Tech-Zentrum, in dem Kunst und Technik ausprobiert werden können - ein lehrreiches Paradies für Jugendliche von 8–18.

Exploratorium (Palace of Fine Arts; F 2)
3601 Lyon St. (zwischen Jefferson und Bay St.)
Tel. 563-7337, 561-0360, 561-0362
im Sommer tgl. 10–18, außer Mi 10–21, im Winter Di, Do–So 10–17, Mi 10–21 Uhr
Bus 28, 30, 43, 76
Erw. $ 9, Kinder von 6–17 Jahren $ 5, von 3–5 Jahren $ 2.50, unter 3 Jahren frei, 1. Mi des Monats Gratiseintritt
Lehrreiche Unterhaltung für Erwachsene und Kinder. In leicht verständlicher Form werden naturwissenschaftliche ›Wunder‹ vorgeführt und erklärt. Im Tactile Dome kann man in völliger Dunkelheit seine Tastsinne schärfen (Reservierung: Tel. 561-0362, Eintritt: $ 12).

S. F. Zoo (südlich A 8)
Sloat Blv. (nahe 45th Ave.)
Tel. 753-7080
Tgl. 10–17 Uhr
Muni L, Bus 18, 23
Erw. $ 9, Kinder 12–17 Jahre $ 6, 3–11 Jahre $ 3, unter 3 Jahren frei
Anfassen und füttern darf man die Tiere im Kinderzoo (11–16 Uhr), bei der Fütterung der Raubtiere (14 Uhr, außer Mo) aber nur zusehen. Einer der wenigen Zoos in Amerika, der Koalabären besitzt. Der Zebra-Zephyr-Zug ermöglicht die bequeme Besichtigung.

Beliebter Schnappschuß fürs Album daheim: Ehefrau mit Alcatraz Island im Rücken

Stadtteile

Castro / Noe Valley (H 6–8)

1890 wurden das Castro Village und die Castro St. nach dem mexikanischen General José Castro benannt. Seit den 70er Jahren des 20. Jh. gilt ›the Castro‹ als Zentrum der Schwulen und Lesben. Die Regenbogenflagge in den Fenstern demonstriert selbstbewußte schwule Präsenz. Die Castro St. zwischen Market und 19th St. ist das Herz des Distrikts, mit ihren Shops, Bars und Discos, mit ihrem Tag und Nacht wogenden bunten Straßenleben. Fährt man die Castro St. über die steilen Hügel bis zur 24th St., erreicht man Noe Valley. Ein ruhiges Viertel mit zahlreichen Cafés und Geschäften, jung und ganz im Trend, aber ohne die eindeutige Orientierung des Castro oder die sozialen Spannungen des Mission.

Chinatown / Nob Hill (I/K 3)

Hinter dem Dragon's Gate an der Grant Ave. liegt eine der größten chinesischen Gemeinden außerhalb Chinas. Bereits 1848 eröffnete hier das erste chinesische Restaurant, und mit Beginn des Goldrausches strömten viele Chinesen in die Stadt. Entlang der Grant Ave. reihen sich die Neppläden aneinander. Doch hier und da finden sich exotische Geschäfte, Buddha-Tempel und wundersame Zeugnisse chinesisch-westlicher Baukunst, besonders in den Seitenstraßen links und rechts der Grant Ave., wo man auch dem Touristenrummel entgehen kann. In dem kleinen Park am Portsmouth Square befindet man sich schließlich mitten im einheimischen chinesischen Geschehen, unter Schattenboxern, Schach- und Kartenspielern. Der benachbarte Nob Hill, einst die erste Adresse in der Stadt, hat seinen exklusiven Charakter behalten – dank der Luxushotels wie dem Mark Hopkins und dem Fairmont.

Civic Center / Tenderloin (I 4/5)

Das Civic Center fungiert als das politische und kulturelle Zentrum der Stadt mit Oper, Konzerthalle, Rathaus und Bibliothek. Das grandiose Gebäude wurde um 1915 im französischen Renaissancestil erbaut. Die Unterzeichnung der

Charta der Vereinten Nationen fand hier 1945 im War Memorial Opera House statt. Das benachbarte Viertel Tenderloin mit seinen Obdachlosen und Asylen ›stört‹ diese Pracht allerdings ein wenig. Es zeigt die Kehrseite des schönen San Francisco und erinnert an die enormen sozialen und politischen Probleme, die Armut und illegale Einwanderung nach sich ziehen.

Financial District (K/L 3)
Das Finanzzentrum der Stadt – mit seinen Wolkenkratzern und Straßenschluchten der amerikanischste Teil der Stadt – liegt an der unteren Market St. Es ist interessant, durch dieses ›Manhattan San Franciscos‹ mit seinem tagsüber pulsierenden Rhythmus zu gehen. Es will als Finanzhochburg weit nach oben und dokumentiert sein Streben mit der entsprechenden Architektur.

Fisherman's Wharf (I/K 1)
Mehr als 10 Mio. Besucher sehen sich pro Jahr diese Hauptsehenswürdigkeit San Franciscos an, die mit der Stadt so wenig zu tun hat wie eine Palme mit der Antarktis. Entlang der Jefferson St. reihen sich die Attraktionen, allen voran der Pier 39 mit seinen zahlreichen Souvenirgeschäften und den Seelöwen, die sich auf Holzpontons gemütlich in der Sonne räkeln. Seit 1996 gibt es das **Aquarium Underwater World** mit einem 120 m langen Glastunnel, der es möglich macht, die Fische der Bay trockenen Fußes zu beobachten.

Haight-Ashbury (F/G 5/6)
Die Zeiten, als Janis Joplin (122 Lyon St.) oder die Grateful Dead (710 Ashbury St.) in diesem Viertel wohnten und den *Summer of Love* musikalisch begleiteten, sind längst vorbei. Nach einer Zeit des rapiden Niedergangs in den 70er Jahren des 20. Jh. hat sich die Gegend wieder erholt und zieht ein junges flippiges Volk an, das ihr eine vitale, bunte Atmosphäre verleiht. Cafés, Shops, Second-Hand-Läden und Straßenzüge mit alten viktorianischen Häusern machen das Rumschnuppern in der Haight St. (zwischen Golden Gate und Buena Vista Park) zu einem Muß.

Mission District (I 6/7)
Das wärmere Klima des Mission District hatte schon die Ohlonen-Indianer dazu veranlaßt, sich hier niederzulassen, lange, bevor die Spanier 1776 ihre Mission Dolores errichteten. Heute leben hier überwiegend Immigranten aus Lateinamerika, Studenten und Künstler. Das Viertel hat den Ruf, das gefährlichste der Stadt zu sein. Vorsicht ist sicherlich geboten, vor

Die Seelöwen der Fisherman's Wharf lieben es, mit Fisch gefüttert zu werden

Chinatown: Hier lebt die größte chinesische Gemeinde außerhalb Asiens

allem nachts. Doch gehört dieser Teil San Franciscos zu den lebendigsten, und Taquerias, Bars, Cafés, Geschäfte, Wandmalereien (*murales*) und das bunte Straßenleben locken tagsüber viele Besucher an. Über 200 *murales* – vor allem in der Balmey Alley und der Clarion Alley (s. Extra-Tour 2, S. 87) – zieren die Wände, sind Ergebnis politisch und sozial engagierter Kunst (Führungen durch Precita Eyes Mural Arts Center, 348 Precita St., Tel. 285-2287, Sa 11.30/13.30 Uhr, Erw. $ 7, Senioren $ 5, unter 18 Jahren $ 1). In der 16th St. zwischen Dolores St. und Mission und in der Mission St. zwischen 16th und 24th St. befindet man sich, flankiert von Palmen, mitten im lateinamerikanischen Alltag.

North Beach / Telegraph Hill (I/K 2)

Kosmopolitisch, lebendig und freundlich gibt sich das ehemalige italienische Viertel nördlich von Chinatown. Mark Twain erkundete diese Gegend, die *Beatnik Generation* machte den legendären Buchladen City Lights Bookstore (s. S. 42) zu ihrer zweiten Heimat. Mit seinen zahlreichen Cafés, billigen Restaurants, Bars und Nightclubs ist North Beach ein beliebter und sicherer Ort zum Ausgehen (s. Extra-Tour 5, S. 92).

Pacific Heights / Marina / Japantown (G/H 1–4)

Im Süden von Pacific Heights liegt Japantown, von dessen Geschichte nichts mehr zu sehen ist. Seit 1860 leben hier japanische Amerikaner, die während des Zweiten Weltkriegs alle interniert waren. Das unpersönliche Japan Center entstand 1968 und bildet heute das touristische Zentrum mit zahlreichen Shops und Sushi-Restaurants. Weiter nördlich, hoch oben auf den Hügeln von Pacific Heights, am Lafayette Park, bietet sich ein spektakulärer Blick auf Stadt und Bay, der nachhaltig die Exklusivität dieses Wohnviertels erklärt. Nach dem großen Erdbeben von 1906 entwickelte sich Pacific Heights mit seinen sündhaft teuren Häusern an der Jackson St., zwischen Alta Plaza Park und Lafayette Park. Ein Spaziergang durch die Straßen, vorbei an den Prachthäusern, erlaubt auch dem weniger Be-

SoMa – bedeutend aufgewertet durch den Bau des schon fast futuristisch anmutenden Kulturzentrums Yerba Buena Center

tuchten, einen Augenblick auf den Höhen San Franciscos auszuharren. Eine exklusive und einladende Einkaufsstraße ist die Union St. Unterhalb breitet sich The Marina aus, aufgeschüttetes, dem Meer 1915 anläßlich der Internationalen Panama-Pazifik-Ausstellung abgerungenes Land. Es erlitt bei dem Erdbeben von 1989 schwere Schäden. In dem attraktiven Viertel mit Yachthafen, Exploratorium (s. S. 70f.) und Blick auf die Golden Gate Bridge leben zahlreiche Yuppies.

SoMa (South of Market; K–M 3–5)

Ein Industriegebiet, das sich südlich der Market St. bis zum Wasser erstreckt. In SoMa stößt man auf Lagerhallen, ehemalige Hafenanlagen, Fabriken, Factory Outlets, Bars und Discos. Das MOMA (s. S. 71) ist hier ebenso zu finden wie die Lederbars an der Folsom St. und Obdachlose, die sich in verlassenen Nebenstraßen aufhalten (Extra-Tour 4, s. S. 90f.).

Bauwerke

Civic Center (J 4/5)

Muni F, J, K, L, M, N,
BART: Civic Center
Um die Wende zum 20. Jh. träumte der Chicagoer Architekt Daniel Burnham davon, die Market St. in die Champs-Élysées der Westküste zu verwandeln. Das Erdbeben von 1906 machte die Pläne zunichte, realisiert wurde 1915 nur noch die City Hall, aber das im protzigen Stil der Pariser Ecole des Beaux-Arts. Inspiriert vom Petersdom im Vatikan, die Kuppel selbstverständlich etwas höher als die des Kapitols in Washington ... Das Erdbeben von 1989 setzte dem Gebäude zu, was langjährige Reparaturen bis 1998 nach sich zog. Hier sitzen die Stadtverwaltung, kalifornische und Bundesbehörden. An der Westseite liegen das Veterans Building War Memorial, die Oper und die Davies Symphony Hall, an der Ostseite Bundesbehörden, das Civic Auditorium und die 1997 eröffnete Public Library.

Coit Tower (K 2)
1 Telegraph Hill Blv.
Tel. 362-0808
Tgl. 10–18 Uhr
Erw. $ 3.75, Senioren $ 2.50, Kinder unter 12 Jahren $ 1.50
Bus 39
Es war nicht beabsichtigt, das Denkmal wie eine Feuerspritze aussehen zu lassen ... Die exzentrische Millionärin Lilie Hitchcock Coit wollte, so die Stifterin, nur »der Stadt, die ich immer so geliebt habe, noch mehr Schönheit verleihen ...«. Die Aussicht vom 68 m hohen Coit Tower könnte kaum besser sein. Im Aufenthaltsraum sind die Arbeiten von 26 Künstlern zu sehen, die 1933/34 die Wände als ›ABM-Kräfte‹ im Stil Diego Riveras ausmalten – sozialrealistische Darstellungen des amerikanischen Arbeiterlebens.

Golden Gate Bridge (D 1)
Tel. 921-5858
Bus 28, 29, 76
Das Wahrzeichen San Franciscos: die roten Schnüre über die Bay, die die Stadt mit dem Marin County verbinden. Das kühne Bauvorhaben stammt aus den Depressionsjahren, diente der Arbeitsbeschaffung, war aber als Projekt des Erbauers Joseph B. Strauss in seiner Zeit sehr umstritten, von Naturschützern bis zu den Inhabern der Fähren. Nach vier Jahren Bautätigkeit, am 27. Mai 1937, fand die Eröffnung der fast 3 km langen und 67 m über dem Meer baumelnden Brücke statt. Heute ist sie nicht mehr wegzudenken. 25 Maler sind ständig im Einsatz, die rote Rostschutzfarbe auszubessern.

Hallidie Building (K 3)
130 Sutter St. (zwischen Kearny und Montgomery St.)
Muni F, J, K, L, M, N,
BART: Montgomery St.,
Bus 2, 3, 4, 9, 71
Benannt nach dem Erfinder der Cable Car, Andrew Hallidie, gilt das 1917 von Willis Polk erbaute Gebäude mit der Glasfassade als erstes seiner Art und als Vorläufer der glasumhüllten Wolkenkratzer.

Hyatt Regency San Francisco (L 3)
5 Embarcadero Center
Tel. 788-1234
Muni F, J, K, L, M, N,
BART: Embarcadero,
Bus 2, 3, 4, 9, 71
Laut »Guinness Buch der Rekorde« die größte Hotelhalle der Welt. Die von Bäumen umgebene Halle ist mehr als 100 m hoch. Ganz oben liegt das Restaurant Equinox, das sich um 360 Grad dreht (s. S. 52).

Oakland Bay Bridge (M 3)
Muni F, J, K, L, M, N, BART: Embarcadero, Bus 2, 3, 4, 9, 71
Eine weitere technologische Errungenschaft der 30er Jahre des 20. Jh. In einer Bauzeit von nur drei Jahren wurde die 13 km lange, zweistöckige Brücke im November 1936 fertiggestellt und verbindet seither die Stadt mit der East Bay. Mehr als 250 000 Fahrzeuge passieren sie pro Tag. Heute gilt sie als nicht mehr erdbebensicher und wird durch einen Neubau, der im Jahre 2004 fertig sein soll, ersetzt.

Palace of Fine Arts (Exploratorium; F 2)
3601 Lyon St.
(zwischen Jefferson und Bay St.)
Tel. 563-7337, 561-0360 (Tonbandansage)
Di–So im Winter 10–17, Mi 10–21, im Sommer Mo–So 10–18, Mi 10–21 Uhr
Bus 28, 30, 43, 76

Der Mission District: tagsüber bunt und quirlig, nachts dunkel und immer noch verrufen

Überbleibsel der Panama-Pazifik-Weltausstellung von 1915, anläßlich der Einweihung des Panamakanals. Von den Ausstellungsgebäuden steht nur noch dieser Palast, inspiriert von Arnold Böcklins »Toteninsel« und römischen Ruinen, erbaut von Bernhard Maybeck. Lange dem Verfall preisgegeben, wurde der Komplex 1959 restauriert und beherbergt seit 1969 das Exploratorium (s. S. 65).

San Francisco Museum of Modern Art (SFMOMA; L 4)
151 3rd St. (zwischen Mission und Howard St.)
Tel. 357-4000
Sa–Di 11–18, Mi geschlossen, Do 11–21 Uhr
Erw. $ 8, Senioren $ 5, Studenten $ 4; Kinder unter 12 frei. (Do 18–21 Uhr halber Preis, 1. Di des Monats frei).
Muni F, J, K, L, M, N, BART: Montgomery St., Bus 2, 3, 4, 9, 71
Heftig umstritten war der Neubau des im Januar 1995 eröffneten MOMA. Der Schweizer Architekt Mario Botta entwarf das Gebäude mit der Klinkerfassade und der abgebrochenen Röhre als Lichtschacht. Ein Gang durch die Innenräume und den Treppenaufgang läßt aber schnell erkennen, daß hier ein Meister der Moderne am Werk war (s. auch S. 76).

Transamerica Pyramid (K 3)
600 Montgomery St.
(nahe Washington St.)
Bus 1, 15, 41
Die 1975 fertiggestellte und 260 m hohe, schlanke Pyramide mit ihrer erdbebensicheren Unterkonstruktion ist ein weiteres Wahrzeichen San Franciscos. Das von William Pereira errichtete Bauwerk dient dem Stadtunkundigen als guter Orientierungspunkt. In dem Gebäude befinden sich Büros für Versicherungen, Kanzleien, diverse Zeitungsredaktionen und im 27. Stockwerk eine Aussichtsplattform (Mo–Fr geöffnet) mit schönem Ausblick.

Bemerkenswerte Häuser

Haas-Lilienthal House (H 3)
s. S. 74

Octagon House (H 2)
2645 Gough St. (Ecke Union St.)
Tel. 441-7512
Feb.–Dez. jeden 2. So,
2. und 4. Do von 12–15 Uhr
Bus 41, 45
Der achteckige Bau sollte Glück bringen, so dachte der Architekt des 1861 erbauten Hauses. – Schöne Sammlung antiker Möbel aus der Kolonialzeit.

Spreckels Mansion (H 3)
2080 Washington St.
(nahe Octavia St.)
Bus 12
Eines der feudalsten Häuser San Franciscos. Es thront majestätisch auf dem Gipfel von Pacific Heights am Lafayette Park. Das Anwesen wurde 1912 im barockisierten Stil für den Zuckerkönig Adolph Spreckels erbaut. Der Millionär war an der Gestaltung des Golden Gate Park und der Finanzierung des California Palace of the Legion of Honor beteiligt.

Gotteshäuser

Cathedral of Saint Mary's of the Assumption (H 4)
1111 Gough St.
(nahe Geary Expressway)
Tel. 567-2020
Tgl. 6.30–16.30 Uhr
Bus 38
Diese eigenwillige Kirche ist dank ihrer weißen Farbe von überall gut sichtbar. Sie wurde 1971 von italienischen und amerikanischen Architekten erbaut und lohnt der Innenausstattung wegen einen Besuch.

Glide Memorial United Methodist Church (K 4)
330 Ellis St.
Tel. 771-6300
Bus 27
Sonntags birst die Kirche aus den Nähten. Die um 9 und um 11 Uhr stattfindenden Gottesdienste werden von einem einzigartig gemischten Publikum besucht, das den Worten von Reverend Cecil Williams mit größter Anteilnahme lauscht. Unterbrochen von dem Gospel Chor mit Band, zu dessen Musik die Gemeinde stehend und klatschend mitsingt. Der Gottesdienst reißt jeden mit und ermöglicht einen tiefen Einblick in einen Teil des Lebens von San Francisco.

Grace Episcopal Cathedral (J 3)
1051 Taylor St.
Tel. 776-6611
Tgl. 7–18 Uhr
Cable Car C
54 Jahre wurde an dieser Kirche gebaut, bis der Notre-Dame in Paris nachempfundene Bau 1964 vollendet war. Die Bronzetüren sind Nachbildungen der »Tore zum Paradies« vom Baptisterium in Florenz. Die Rosette wurde in Chartres gefertigt. Im Innenraum befindet sich neben originaler antiker Kirchenkunst aus Europa ein Altar von Keith Haring, 1995 dem Aids Memorial Chapel Project gewidmet. Er gilt als letztes Werk des an Aids gestorbenen Künstlers.

St. Peter and Paul Church (K 2)
666 Filbert St.
(Washington Square)
Tel. 421-0809
Bus 15, 41, 45
Die größte katholische Kirche der Stadt (1924) bildete den Hintergrund für das Hochzeitsphoto von

Marilyn Monroe und Joe DiMaggio, die hier allerdings als Geschiedene nicht heiraten durften.

Temple Emanu-El (E 4)
2 Lake St. (nahe Arguello Blv.)
Tel. 751-2535
Mo–Fr 13–15 Uhr
Bus 1, 4, 33
Die geräumige Synagoge gehört der ältesten jüdischen Gemeinde Kaliforniens. 1926 wurde der von den Bauwerken des Orients inspirierte exotische Kuppelbau von Arthur Brown jr. erbaut, der auch den Coit Tower entworfen hat.

Vedanta Temple (H 2)
2963 Webster St.
Tel. 922-2323
Fr 20 Uhr
Bus 41, 45
Seit 1905 Sitz der Vedanta Society of Northern California, einer hinduistisch orientierten Gesellschaft, die seit 1900 in den USA existiert und 1959 ein weiteres Haus bezogen hat (2323 Vallejo St., tgl. 8–19.30 Uhr). Der Bau mit bizarren roten Kuppeln und Zwiebeltürmchen mutet wie eine verspielte Kinderphantasie des Orients an.

Museen

Ansel Adams Center / Friends of Photography (L 4)
250 4th St. (zwischen Folsom und Howard St.)
Tel. 495-7000
Di–So 11–17, 1. Do des Monats 11–20 Uhr
Erw. $ 5, Studenten $ 3, Senioren/Jugendliche von 13–17 $ 2, Kinder unter 13 Jahren frei
Bus 12, 30, 45, 76
Fünf Galerien zeigen wechselnde Photoausstellungen. Eine ist dem Werk Ansel Adams gewidmet.

Asian Art Museum (E 5)
Golden Gate Park (in der Nähe des de Young Museum)
Tel. 379-8801, 379-8800
Di–So 9.30–17 Uhr
Erw. $ 7, Senioren $ 5, Jugendliche von 12–17 $ 4,
Kinder unter 12 Jahren frei,
1. Mi des Monats von 9.30–20.45 Uhr freier Eintritt
Bus 44
Eines der größten Museen asiatischer Kunst in der westlichen Welt. Die Sammlung ist so umfangreich, daß nur ein Bruchteil davon hängt. Kunst aus über 40 Ländern Asiens mit z. T. sehr alten Exponaten.

California Academy of Sciences (E 6)
Golden Gate Park
Tel. 750-7365,
750-7145 (Tonbandansage)
Tgl. 10–17, Sommer 9–17 Uhr
Erw. $ 8.50, Senioren und Jugendliche von 12–17 $ 5.50,
Kinder von 4–11 $ 2, unter 3 Jahren frei, 1. Mi des Monats 10–20.45 Uhr freier Eintritt
Bus 44
Das Naturhistorische Museum mit dem **Steinhart Aquarium** ist das – auch bei den Einwohnern San Franciscos – beliebteste Museum der Stadt. Man sieht eine Vielfalt an Fischen, Pinguinen, Seelöwen und Delphinen. Im Erdbebenraum wird das gefürchtete Ereignis simuliert.

California Palace of the Legion of Honor (B 4)
Lincoln Park, 34th Ave. und Clement St.
Tel. 750-3600,
863-3330 (Tonbandansage)
Di–So 9.30–17, 2. Mi des Monats 10–17 Uhr
Erw. $ 7, Senioren $ 5, Jugendliche von 12–17 Jahren $ 4, 2. Mi

des Monats freier Eintritt
Bus 18, 38
Hoch über dem Eingang zur Bay, mit Blick auf die Golden Gate Bridge und die Stadt, befindet sich diese Replik des Pariser Palais de la Légion d'Honneur aus dem Jahre 1924, die 1995 renoviert und wieder eröffnet wurde. Kunstwerke von der Antike bis in die Gegenwart: Skulpturen und Gemälde, Keramik- und Möbelsammlungen aus verschiedenen Jahrhunderten. Bedeutend ist die in den Vereinigten Staaten größte Sammlung an Drucken, Zeichnungen und illustrierten Büchern, die **Achenbach Foundation for Graphic Arts.** In den Gemäldegalerien hängen Bilder u. a. von Cranach, Fra Angelico, Tizian, El Greco, Van Gogh, Cézanne und Picasso.

Cartoon Art Museum (K 4)
814 Mission St.
(zwischen 4th und 5th St.)
Tel. 227-8666
Mi–Fr 11–17, im Sommer Di–Fr 11–17 Uhr, Sa 10–17, So 13–17 Uhr
Erw. $ 5, Studenten und Senioren $ 3, Kinder von 6–12 $ 2, unter 5 Jahren frei
Muni F, J, K, L, M, N,
BART: Powell St.,
Bus 14, 15, 26, 27, 30, 45, 76
Eines von vier Museen in den USA, die Cartoons unterschiedlichster Art von 1700 bis heute sammeln und konservieren. Außerdem gibt es ein **Museum für Kinder**, einen CD-ROM-Raum und einen Buchladen mit Comics und Karten.

Chinese Historical Society of America (K 2)
644 Broadway (zw. Stockton St. und Grant Ave.) Suite 402
Tel. 391-1188
Di–Fr 10.30–16, Mo 13–16 Uhr
Bus 30, 41, 45
Im Herzen von Chinatown ein kleines Museum, das die Geschichte der Chinesen in Amerika von 1850 bis heute auf anschauliche Weise erläutert. Im Buchladen finden sich interessante Publikationen zu diesem Abschnitt amerikanischer Geschichte. Die Eröffnung eines größeren Museums ist für Dez. 2000 geplant: 965 Clay St., zwischen Stockton und Powell St.).

M. H. de Young Memorial Museum (E 5)
Golden Gate Park
Tel. 750-3600, 863-3330
Di–So 9.30–17 Uhr
Erw. $ 7, Senioren $ 5, Jugendliche von 12–17 Jahren $ 4, Kinder unter 12 Jahren frei (schließt den Eintritt zum Asian Art Museum, s. S. 73, mit ein), 1. Mi des Monats 10–20.45 Uhr freier Eintritt
Bus 44
Spezialisiert in der Kunst und Geschichte Amerikas. Ausgestellt sind die einheimischen Impressionisten, z. B. John Singer Sargent. Andere Themenbereiche befassen sich mit der Kunst der Indianer und der der Kolonialzeit. Weitere Sammlungen stammen aus Afrika, Ozeanien und Lateinamerika.

Exploratorium (F 2)
s. S. 65 und Extra-Tour 3, S. 88

Haas-Lilienthal House (H 3)
2007 Franklin St.
(nahe Jackson St.)
Tel. 441-3004
Führungen Mi 12–15.15, So 11–16.15 Uhr
Erw. $ 5, Senioren und Kinder unter 12 Jahren $ 3
Bus 12, 27, 42, 49, 76
Das viktorianische Haas-Lilienthal House ist eines der ältesten erhal-

tenen Häuser der Stadt: Baujahr 1886, erbaut im Queen-Anne-Stil. Es ermöglicht einen Einblick in das Leben wohlhabender Bürger aus dem 19. Jh. In den prachtvollen Innenräumen stößt man auf original viktorianisches Mobiliar.

Levi Strauss Factory and Museum (H 6)
250 Valencia St. (zwischen 14th St. und Duboce Ave.)
Tel. 565-9159
Führungen Di und Mi 9, 11 und 13.30 Uhr (reservieren)
Eintritt frei
Bus 26
Hierher kommt die weltbewegende Hose – entworfen während des Goldrausches von dem deutschen Emigranten Levi Strauss, der aus robustem Zeltstoff ein (fast) unverwüstliches Beinkleid entwickelte. Später importierte er blauen Stoff aus Nîmes, der Begriff ›Denims‹ war geboren. Für den internationalen Durchbruch sorgten Hollywood-Stars wie Gary Cooper und James Dean, die Blue Jeans trugen. Der Rundgang führt durch das Museum, das die Geschichte der Hose dokumentiert, und Teile der Fabrikationsräume.

Mexican Museum (H 1)
Building D, Fort Mason Center (Marina Blv. und Buchanan St.)
Tel. 441-0404 (Tonbandansage), 202-9700
Mi–So 11–17, 1. Mi des Monats 12–19 Uhr (frei)
Erw. $ 4, Senioren/Studenten $ 3, Kinder unter 12 Jahren frei
Bus 28
Das erste Museum der USA, das sich der Kunst mexikanischer und lateinamerikanischer Künstler verschrieben hat. Die Sammlung zeigt vorkoloniale und koloniale Kunst sowie zeitgenössische Malerei aus

Das SFMOMA ist 60 – gut investierte – Mio. Dollar schwer

Mexiko, u. a. die Maler Rufino Tamayo und Rudolfo Morales.

Mission Dolores (H 6)
3321 16th St. (nahe Dolores St.)
Tel. 621-8203
Tgl. 9–15.30 Uhr
Eintritt: eine Spende wird erwartet
Muni J: 16th St., Bus 22
Erdbeben konnten der Mission aus dem Jahre 1782 nichts anhaben, und so gilt sie als das älteste erhaltene Gebäude und das erste denkmalgeschützte der Stadt. Damals zwang man die Ohlonen-Indianer zum Bau der Mission. Dieser Stamm wurde u. a. durch die von den Europäern eingeschleppten Pockenepidemien 1814 und 1826 stark dezimiert und schließlich ganz ausgerottet. Auf dem historischen Friedhof sind 5000 Gräber zu finden. Ein Museum zeigt Kultgegenstände der Mission Dolores. Barock verschnörkelt präsentiert sich die benachbarte, 1913 erbaute **Basilica of San Francisco**.

Das pulsierende Herz San Franciscos: der Golden Gate Park

Presidio Museum (F 2)
Lincoln Blv.
(nahe Funston Ave. im Presidio)
Tel. 561-4331
Mi–So 12–16 Uhr, Eintritt frei
Bus 28, 29, 41, 43
Das ehemalige Militärhospital (1857) beherbergt ein Museum mit Dokumenten und Gegenständen aus der archäologischen und militärhistorischen Geschichte des Presidio (s. S. 10).

San Francisco Cable Car Museum (K 3)
1201 Mason St.
(nahe Washington St.)
Tel. 474-1887
Tgl. April–Okt. 10–18,
Nov.–März 10–17 Uhr
Eintritt frei
Cable Car PH, PM
Wer ganz genau wissen möchte, wie die Cable Car funktioniert, kann hier einen Blick in das System von Kabeln und Rädern werfen. Andrew Hallidie entwickelte das Transportmittel 1873. Inzwischen ist die Cable Car längst zum Wahrzeichen San Franciscos geworden.

San Francisco Museum of Modern Art (SFMOMA; L 4)
s. S. 71
Das Gebäude des Schweizer Architekten Mario Botta ist überzeugender als die darin gezeigte Sammlung moderner Kunst. Vieles ist hier zwar vertreten – von Jackson Pollock über Mark Rothko bis zu Francis Bacon –, doch die Aufhängung, die sich mehr am Format der Rahmen als am Bildinhalt zu orientieren scheint, und die Zusammenstellung der Exponate läßt keinen wirklichen Genuß zu.

Tattoo Museum (J 2)
841 Columbus Ave.
(nahe Lombard St.)
Tel. 775-4991
Mo–Do 12–21, Fr, Sa 12–22,
So 12–20 Uhr
Eintritt frei
Bus 30
Piercing und Tattoos sind ein gewohnter Anblick in den Straßen San Franciscos. Zum geschichtlichen Hintergrund dieser Modeerscheinung hat Lyle Tuttle, der Joan Baez und Janis Joplin tätowierte, einiges zusammengetragen.

U.S.S. Pampanito World War II Submarine (J 1)
Pier 45 (Fisherman's Wharf)
Tel. 561-6662
Tgl. Juni–Okt. 9–20, Nov.–Juni tgl. 9–18 Uhr
Erw. $ 6, Senioren/Kinder von 6–12 $ 5, unter 6 Jahren frei (ermäßigte Tickets für Familien)
Bus 19, Cable Car PH: Endstation
Das U-Boot aus dem Zweiten Weltkrieg ist Teil der National Maritime Museum Association mit weiteren Ausstellungsorten am Hyde Street Pier mit historischen Schiffen (Tel. 556-3002, 15. Mai–15. Sept. tgl. 10–17.30, 16. Sept.–14. Mai tgl. 9.30–16.30 Uhr); im Maritime Museum (am Ende der Polk St. beim Fisherman's Wharf, Tel. 556-3002, tgl. 10–17 Uhr) sind Schiffsmodelle, Bilder und ein Steamship Room zu sehen.

Weitere Sehenswürdigkeiten

Alcatraz (I 1)
San Francisco Bay, Fähre vom Pier 41 (Fisherman's Wharf)
Tel. 705-5555
Tgl. 9.30, 10.15, danach alle 30 Min. bis 14.15 Uhr
Erw. $ 12.25, Senioren $ 10.50, Kinder $ 7 (mit Tonband), Erw. $ 8.75, Senioren $ 7, Kinder $ 5.50 (ohne Tonband, Reservierung empfohlen) Dauer ca. 2,5 Std.
Bus 19, Cable Car PH: Endstation
Die ›Gruseltour‹, die zum Aufenthaltsort der Schwerverbrecher der Vergangenheit (1933–63) führt. Allen voran Al Capone und Robert Stroud, der »Vogelmann von Alcatraz«. Keinem Sträfling soll die Flucht je gelungen sein. Nur Clint Eastwood in dem Hollywood-Streifen »Escape from Alcatraz« …

Angel Island (nördlich M 1)
San Francisco Bay. Fähre vom Pier 41 (Fisherman's Wharf)
Tel. 705-5555, Infos: Tel. 435-1915 (Angel Island State Park)
Fähre Mo–Fr Hinfahrt 10 und 11.30, Rückfahrt 10.25, 12.50, 15.20, Sa, So Hinfahrt 9.30, 11.30, 14, Rückfahrt 10.05, 12.50, 15, 16.40 Uhr, Fahrdauer ca. 40 Min.
Tickets (inkl. Eintritt in den Park): Erw. $ 11, 12–18jährige $ 10, Kinder von 5–11 Jahren $ 6
Bus 19, Cable Car PH: bis Endstation
Wer einen Tag außerhalb von San Francisco verbringen möchte, ohne die Stadt aus den Augen zu verlieren, ist auf Angel Island richtig. Die Insel wurde u. a. zwischen 1910 und 1940 als Quarantänestation für Immigranten genutzt und hat heute als Erholungsressort für den gestreßten Großstädter viel zu bieten. Man kann mit dem Rad über die Insel fegen, mit dem Kajak aufs Meer hinauspaddeln, ruhig am Strand sitzen und auf die Skyline der Stadt blicken, auf den 238 m hohen Mount Livermore steigen und die Aussicht auf San Francisco genießen oder eine begleitete Tour zu den historischen Gebäuden unternehmen. Fahrräder können auf der Insel gemietet werden ($ 10 pro Std., $ 25 pro Tag).

49-Mile-Drive / Twin Peaks
Die beste Möglichkeit, San Francisco mit dem Auto kennenzulernen. Die 49 Meilen durch die Stadt führende Straße ist leicht anhand der blau-weißen Schilder mit der Möwe zu verfolgen. Sie wurde 1939 anläßlich der Golden Gate International Exposition eröffnet. Präsident D. Roosevelt war einer der ersten, der die Route abgefahren ist. Der Ausblick von den Twin

Peaks ist einer der Höhepunkt dieser Stadtrundfahrt (Pläne und Infos im Visitor Information Center).

Lombard Street (J 2)
zwischen Hyde und
Leavenworth St.
27 % Neigung schaffte der Autoverkehr nicht. Nun führen seit 1922 zehn steile Kurven die Straße hinunter, zum Ärgernis der Anwohner und größtem Vergnügen der Autofahrer. Mit Warteschlangen und Scharen Photographierender muß man rechnen.

Parks

In San Francisco sind Parks im Überfluß zu finden – und das, obwohl man schnell die spektakuläre Natur rund um die Stadt erreicht hat. Vegetation und Klima lassen den Besuch zu einer faszinierenden Erkundung der einheimischen Flora und Fauna werden. Außerdem hat man in manchen Parks einen einzigartigen Ausblick über die Stadt (Dolores Park, Buena Vista Park, Bernal Heights). Nach Einbruch der Dunkelheit sollte man sie allerdings meiden.

Alamo Square Park (H 5)
Bus 5, 21, 22, 24
Ein kleiner hügeliger Park, der immer wieder auf den Urlaubsphotos auftaucht, denn: im Vordergrund steht eine berühmte viktorianische Häuserzeile – die *painted ladies* –, während im Hintergrund moderne Wolkenkratzer wie spitze Zähne in die Luft ragen.

Golden Gate Park (A–E 5/6)
Infos: Tel. 831-2700
Bus 5, 7, 18, 21, 28, 29, 33, 44
Vielgerühmtes Herzstück San Franciscos. Und das zu Recht. Über 5 km Länge und 800 m Breite zieht sich der Grünstreifen von der Stanyan St. bis zum Pazifik, voller Attraktionen – wie sie kaum ein anderer Park dieser Welt zu bieten hat. Im Arboretum kann man Stunden damit zubringen, die verschiedenen Vegetationsstreifen zu erkunden. Weiß erstrahlt das Treibhaus (1875) auf grünem Grund. Der Stow Lake lädt zum Paddeln ein (s. S. 64), im Buffalo Park kann man richtige Büffel bewundern. Beliebt sind auch die Museen (de Young, Asian Art, Academy of Sciences) und der Japanese Tea Garden (Tel. 752-4227, im Sommer geöffnet 9–18.30, im Winter 8.30–17 Uhr). In diesem Park läßt sich leicht ein Tag verbringen.

Presidio (D–F 1–3)
Lyon St.
Bus 28, 29, 43
Der jüngste unter den Parks der Stadt. 1996 erst räumte die Sixth US-Army das riesige Gelände vor der Golden Gate Bridge und übergab es der Parkverwaltung. Das Grün ist noch wenig gestaltet und läßt viel Platz für Entdeckungen.

Strände

Mit einer durchschnittlichen Wassertemperatur von 14°C (60° F) im Sommer ist das Schwimmen im Pazifik nicht jedermanns Sache. Zum Sonnen, Spazierengehen und entspannen gibt es drei schöne Strände im Stadtgebiet. Ocean Beach (A 5-8, s. S.85) und weiter südlich Ford Funston; China Beach (C 3, Zugang Seacliff Ave. Höhe 28th Ave.) und Baker Beach (C 2-3, Zugang 25th Ave.), u. a. auch Nacktbadestrand, mit Blick auf die Golden Gate Brücke.

Berkeley und Oakland

Drüben, auf der anderen Seite der Bay, liegt Oakland, eine Stadt mit über 400 000 Einwohnern. Viele Sehenswürdigkeiten hat sie zwar nicht zu bieten, lohnt aber auf dem Weg nach Berkeley allemal einen Besuch. Am schönsten gelangt man mit der Fähre nach Oakland (halbstündige Fahrt vom Ferry Building am Embarcadero), langsam die Skyline San Franciscos hinter sich lassend. Am **Jack London Square**, einer ehemaligen Industriezone, liegen Restaurants und Geschäfte direkt am Wasser. Ein Kajak mieten und im Hafengelände herumpaddeln, zwischen schwimmenden Wohnhäusern und Yachten, ist die unkonventionellste Art, diesen Teil der Stadt zu erkunden (California Canoe and Kayak, Tel. 510-893-7833). Ein dem Autor Jack London gewidmetes Museum (Tel. 510-451-8218; Mi–Sa 10.30–18, So 11.45–18 Uhr) ehrt den renommierten Sohn der Stadt. Neben dem **Paramount Theater of Arts** (s. S. 62) ist das **Oakland Museum** (Tel. 510-238-2200; Mi–Sa 10–17, So 12–17 Uhr) mit einer Sammlung kalifornischer Kunst und Geschichte einen Abstecher wert.

Äußerst lebendig präsentiert sich die Universitätsstadt Berkeley mit zahlreichen Cafés und Restaurants, Buchläden und Kinos. Ein Viertel der Bevölkerung sind Studenten, und das ist im Straßenleben gleich zu spüren. Hier fanden die großen Anti-Vietnam-Demonstrationen der 60er Jahre des 20. Jh. statt, und so manche Bürgerrechtsbewegung wurde in dieser Stadt begründet. Noch heute setzt Berkeley Zeichen. Die Stadt wurde zur nuklearfreien Zone erklärt und setzte als erste der USA in allen öffentlichen Räumen das Rauchverbot durch. Die **Telegraph Avenue** ist das Herzstück der Studentenstadt. Die **University of California** ist einen Besuch wert.

Einen phantastischen Blick auf Berkeley und San Francisco hat, wer den **Sather Tower** (10–15 Uhr) erklimmt, der aussieht wie der Campanile auf dem Markusplatz in Venedig. Eine weitere interessante Sehenswürdigkeit ist der **Tilden Botanical Garden** (Tel. 510-841-8732; tgl. 8.30–17 Uhr).

Entweder mit der Fähre vom Ferry Building (Embarcadero) nach Oakland, dann BART bis Berkeley oder direkt mit BART.

Highway 1

Berühmt ist der Highway 1, die Küstenstraße zwischen San Francisco und Los Angeles, wegen seines atemberaubenden Verlaufs entlang der Pazifikküste. Der tosende Ozean, traumhafte Felsformationen und ständig sich verändernde Strandlandschaften machen diese Route zu einem beliebten Reiseziel. Auch bei einem

Wohl die bekannteste Straße der Welt: der Highway 1

Tagesausflug nach **Monterey** läßt sich erahnen, um wieviel schöner es in Richtung Süden noch wird. Einst lebte das Fischerdorf vom Sardinenfang, bis die Überfischung dem 1945 ein Ende setzte. John Steinbecks Roman »Die Straße der Ölsardinen« sicherte der Fabrikstraße literarischen Ruhm und ließ sie zu einer touristischen Meile werden. Einen Blick in die einzigartige Tier- und Pflanzenwelt der Meeresbucht kann man inzwischen an Land tun: im **Monterey Bay Aquarium** (Tel. 831-648-4888, tgl. 10–18, vom 14. Juni–1. Sept. 9.30–18 Uhr, im Sommer vorher reservieren), einem der besten der USA. In den gigantischen Aquarien sind Quallen, Haie und Rochen zu sehen, während sich draußen in der Bucht Seelöwen vergnügen. Die Angestellten sind sehr hilfsbereit und erklären viel. Auch für Kinder ein unterhaltsamer und lehrreicher Ausflug. Der ruhige, landschaftlich bezaubernd gelegene Nachbarort **Carmel** lockte schon um die Wende vom 19. zum 20. Jh. Künstler an. Der **17-Mile-Drive** ($ 6.50) führt entlang der Küste durch geschützte Natur und vorbei an palastähnlichen Villen.

Hwy. 1 Richtung Süden bis nach Monterey und Carmel.

Muir Woods und Sausalito

Mehr als 70 m ragen die gigantischen Redwood-Bäume in den Muir Woods majestätisch in den Himmel. Nur eine Stunde ist der 1908 gegründete Nationalpark von San Francisco entfernt. In dem mystischen Waldstück kann man herrlich wandern und Ruhe finden (geführte Touren in kleinen Gruppen: Tom's Scenic Walking Tours, Tel. 381-5106). Auf dem Hin- oder Rückweg empfiehlt sich ein Halt in Sausalito, einem ehemaligen Refugium der *Hippie* und *Beatnik Generation*, wovon heute aber nicht mehr viel zu spüren ist. Sausalito ist touristisch und schick, nur die kleine Stadt der Hausboote (**Houseboat Marina**) erzählt noch von alten Zeiten. Die Aussicht von hier auf San Francisco ist ein touristischer Hauptanziehungspunkt – und das nicht ohne Grund.

Auf dem Hwy. 1 über die Golden Gate Bridge bis zu den Muir Woods.

Stanford University und San Andreas-Graben

Die Stanford University in **Palo Alto** ist eine der Elite-Universitäten der USA, vor allem in den Naturwissenschaften zählt sie zur Spitze. Sie hat zahllose Nobelpreisträger hervorgebracht. Neben dem Campus lohnt der Besuch des **Iris and B. Gerald Cantor Center for Visual Art** (Tel. 650-723-4177; Mi–So 11–17, Do 11–20 Uhr. Eintritt frei. Die größte Sammlung von Skulpturen Rodins außerhalb Frankreichs. Alte und neue Kunst sowie wechselnde Ausstellungen mit zeitgenössischer Kunst). Etwa zwölf Meilen hinter der Universität, nach einer Fahrt auf der **Page Mill Road** durch schönste kalifornische Natur, stößt man im **Los Trancos Open Space Reserve** (Tel. 650-691-1200) auf ein Stück des San Andreas-Grabens. Ein 2,5 km langer Lehrpfad entlang der Bruchzone des Bebens von 1906 veranschaulicht, was hier geschah, als in nur 20 Sekunden ca. 400 Meilen des Grabens von Süden nach Norden aufgerissen wurden. Der Gang durch das landschaftlich schöne Gelände ist zunächst weniger spektakulär als erwartet. Auch wenn der Pfad zwischen pazifischer und amerikanischer Platte – auf der der größte Teil Nordamerikas und die Hälfte des Atlantischen Ozeans liegen – über der Bruchzone hin und her springt. Erst bei genauerem Betrachten von Landschaft und Vegetation versteht man allmählich, daß hier gewaltige Kräfte wirken. In der Ferne ist der Berg **Loma Prieta** zu sehen, wo das Epizentrum des Erdbebens von 1989 lag.

Hwy. 101 bis Palo Alto, hinter der Universität zur Page Mill Road bis Los Trancos (ca. zwölf Meilen). Zurück über Hwy. 280 bis nach San Francisco (36 Meilen).

Yosemite Park

Nur ca. vier Stunden ist man mit dem Auto von San Francisco bis zu einem der schönsten Nationalparks der USA unterwegs, und die ganze Tour läßt sich leicht in zwei Tagen bewältigen. Über 4 Mio. Besucher kommen jährlich hierher, um dieses Naturschauspiel zu bewundern: senkrecht in den Himmel ragende Granitfelsen, Wälder, Wasserfälle und – Bären. Der Yosemite Park (Visitor Center, Tel. 209-372-0264) besteht zu über 94 % aus wilder Natur, die man z. T. nur zu Fuß oder mit dem Pferd besuchen kann. Schon die Fahrt durch das Haupttal lohnt die Reise. Drei beeindruckende Berge, **El Capitan**, **Halfdome** und **Sentinel Dome**, sowie die **Yosemite Falls** sind hier zu sehen. Im Sommer läßt sich die Fahrt gut verlängern: über den **Tioga Pass** (3031 m) zum **Mono Lake** und zur Geisterstadt **Bodie**, über den **Lake Tahoe** und **Sacramento** zurück nach San Francisco.

Ab San Francisco ca. 300 km über I-80, I-580 und I-205 zum Hwy. 120 bis zum Yosemite Park. Im Winter sind einige Straßen gesperrt, deshalb vorher telefonisch Straßenzustand erfragen.

Extra-

Fünfmal San Francisco anders

1. El Greco, Seelöwen und Küste – entlang Land's End zum Pazifik
2. Salsa und Schüsse – bei Tage im Mission District
3. Holztreppen und -wege – San Francisco von oben

Touren

4. Die Schattenseite der Bilderbuchstadt – das lebendige und ›sperrige‹ SoMa (South of Market)
5. »Tales of the City« – das ›Montmartre‹ San Franciscos

Extra-Tour 1

El Greco, Seelöwen und Küste – entlang Land's End zum Pazifik

Der Bus Nummer 18 stoppt genau am Eingang des Museums. Davor liegt das aufregende Ensemble von Bay und Golden Gate Bridge. Der Tag ist schön. Bei Nebel, der sich im Sommer oft und gerne bildet, kann dieser Spaziergang im Grau versinken. Aber der Tag heute ist schön. Man blickt bis hinüber nach Marin County. Die Zypressen mit ihrem ewigen Grün leuchten, dahinter kräuseln sich die blauen Wellen der Bay. Im Rücken eine Kopie des Pariser Palais de la Légion d'Honneur, das **California Palace of the Legion of Honor** (s. S. 73f.) mit seiner Gemäldesammlung von El Greco bis Picasso.

Nach einem Besuch des Museums und einer Pause im **Museumscafé** beginnt der Spaziergang zu den Ufern des Pazifik. Links vom Eingang, wenn man das Museum verläßt, windet sich die asphaltierte Straße Richtung Golden Gate Bridge den Hügel hinab, vorbei am **Holocaust Denkmal**. Immer neue Blickwinkel auf die berühmte rote Brücke ergeben sich, und schließlich ist der hölzerne Ausguck erreicht. Ab hier führt ein Schlängelpfad an der wild zerklüfteten Küste entlang. Plötzlich ist die Großstadt vergessen. Unten schlagen die Wellen mächtig gegen die Felsen, und aus sicherer Distanz kann man mit dem Fernglas Seelöwen in den Wogen beobachten. Der Weg teilt sich nach einer Weile. Wer leichte Schuhe trägt, sollte den oberen wählen, mit gutem Schuhwerk läßt sich der untere bewältigen, auch wenn hier manchmal eine etwas abenteuerliche Kletterpartie auf dem Plan steht. Der untere Weg führt am Schiffswrack vorbei, der ›Coos Bay‹, einem Frachter, der 1937 bei Nebel strandete und bei Ebbe gut zu sehen ist. Es erzählt davon, wie gefährlich die Gewässer hier sind, vor allem bei dichtem Nebel. Mehr als 100 Schiffe erlitten an der engen Einfahrt zur Bay Schiffbruch, 1887 ereignete sich einer der dramatischsten. Die mit Schießpulver beladene ›Parallel‹ zerschellte am Felsen vor dem Cliff House und explodierte mitten in der Nacht mit einem Riesenknall. Überall finden sich nun windgeschützte Flecken, wo man herrlich picknicken, eine Flasche kaliforni-

Er hat das Abenteuer gewählt: Die Kletterpartie führt hinab an die wilde Küste, wo ein herrlicher Blick auf die Golden Gate Bridge als Belohnung wartet

schen Rotweins genießen und den Blick übers offene Meer schweifen lassen kann. Weiter geht es um **Point Lobos** herum zu den Ruinen der **Sutro Baths**, die 1896 eröffnet wurden und über 20 000 Menschen in verschiedenen Becken das Schwimmen erlaubten. Anfang der 50er Jahre des 20. Jh. wurde das Bad geschlossen und 1966 Opfer der Flammen, was sein Schicksal besiegelte. Übrig blieben algenüberzogene Ruinen und Fundamente.

Das **U.S.S. San Francisco Memorial** erreicht man über den Merry Way. Es erinnert an die Torpedierung der ›U.S.S. San Francisco‹ 1942 bei Guadacanal, bei der 107 Marinesoldaten ihr Leben verloren. Die Überreste der Kommandobrücke sind noch zu sehen. Das **Cliff House**, 1863 erbaut, wurde mehrfach zerstört. Es existiert in seiner heutigen Form seit 1950 und beherbergt ein mittelmäßiges Restaurant. Dahinter liegt das **Musée Mécanique** (tgl. 10–19 Uhr, Eintritt frei) mit seiner unterhaltsamen historischen Spielautomatensammlung und der **Camera Obscura** (tgl. 11–19 Uhr, Eintritt $ 1), die über einen sich um 360 Grad drehenden Spiegel die Außenwelt in den dunklen Raum projiziert, von sphärischen Klängen untermalt. Im benachbarten **Cliff House Visitor Center** (tgl. 10–17 Uhr) erhält man Informationen zu den umliegenden Sehenswürdigkeiten sowie zu den Tieren, die sich auf dem **Seal's Rock** versammeln. Die Seelöwen, die es hier früher in Scharen gab, sind vor einigen Jahren zum Pier 39 am Fisherman's Wharf umgezogen. Warum genau, weiß niemand.

Der Weg führt nun hinunter zum kilometerlangen Sandstrand, dem **Ocean Beach**. Schon bald ist linker Hand das **Beach Chalet** erreicht. 1925 von Willis Polk erbaut und erst 1997 wieder eröffnet, beherbergt es ein gutes Restaurant mit Bar (s. S. 41). In der Eingangshalle mit dem Visitor Center befinden sich bedeutende Wandmalereien aus den 30er Jahren des 20. Jh. mit Szenen aus San Francisco. Aus dem darüberliegenden Restaurant kann man bei einem Glas des hier frisch gebrauten Biers entspannt den Sonnenuntergang über dem Pazifik genießen.

Extra-Tour 2

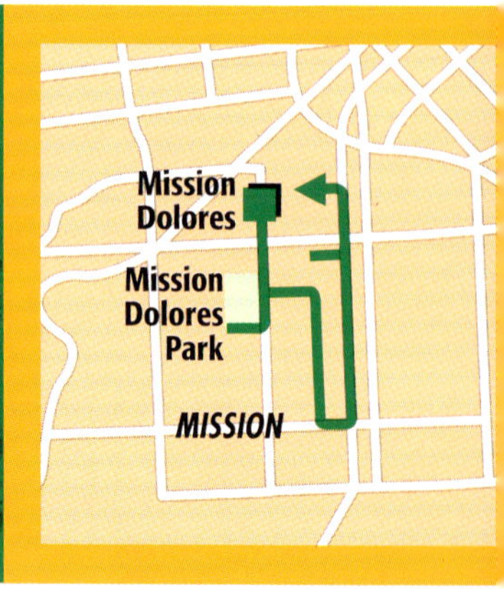

Salsa und Schüsse – bei Tage im Mission District

Von hoher Kriminalität hört man, von Schießereien der Gangs der Bryant St. gegen die der Mission St., aber auch davon, wie lebendig und kulturell vielfältig dieses Viertel ist. Das wärmere Klima des Mission District bewog schon die Ohlonen-Indianer, an dieser Stelle zu siedeln, bevor die Spanier 1776 ihre **Mission Dolores** (s. S. 10, 74) errichteten. Hier beginnt der Spaziergang durch die verschiedenen Welten des Mission District. Von der 16th St. führt der Weg die Dolores St. hinauf. Auf eine Kuriosität stößt man an der Ecke 20th und Church St.: einen goldenen Hydranten, einen der wenigen, die beim Erdbeben 1906 und den darauf folgenden verheerenden Bränden funktionierten. Was ihm bis heute jedes Jahr einen neuen Anstrich beschert.

Weiter geht es in eine exotische Gegend San Franciscos. Der 19th St. bis zur Linda St. folgen. **New World Tree** heißt die hier zu findende Wandmalerei (*murales*), derer es im Mission über 200 gibt. Sie stellen Szenen des täglichen Zusammenlebens im Viertel dar. Ist die **Valencia St.** erreicht, steht man plötzlich mitten im Leben, in einer der Szenen der *murales*. Die Straße hat sich in der letzten Zeit verändert. Noch vor 25 Jahren lebten hier bis zu 95 % Latinos, während sie heute nur noch die Hälfte der Bevölkerung ausmachen. In der Valencia St. liegt die schrille 50er-Jahre-Bar **The Chameleon** (855 Valencia St.), auf der anderen Straßenseite die feministische Buchhandlung **Modern Times Bookstore**. Dazwischen gibt es noch immer das eine oder andere südamerikanische Lokal und die Buchhandlung **La Casa del Libro**, die von der Präsenz der Latinos zeugen.

In der **Liberty St.** überraschen die schönen **alten viktorianischen Häuser**, die das große Erdbeben von 1906 überstanden haben. Die Sängerin Tracy Chapman lebt hier. Zurück auf der Valencia St. dokumentiert ein weiterer Laden, daß sich das Viertel im Umbruch befindet: **Herbivore**, ein vegetarisches Restaurant (983 Valencia St., Tel. 826-5657) – ganz dem Trend der weißen Bevölkerung nach gesunder Ernährung folgend. Mit asiatischen, arabischen, amerikanischen und spanischen Gerichten reflektiert die Speisekarte die umliegende Einwohnerschaft.

Im weiteren Verlauf der Straße trifft man auf eine Reihe ›mysteriöser‹ Geschäfte wie **Botanica Yoruba** (998 Valencia St.; s. S. 45f.), das von Devotionalien über Pulver, Seifen und Räucherstäbchen alles für den spirituellen Menschen bietet. Etwas weiter die Straße hoch findet sich das **Café Radio Valencia** (an der Ecke 23rd St.; s. S. 61f.), das eine der ersten Adressen für Live-Avantgarde-Musik ist. Schon seit 1977 existiert schräg gegenüber **Good Vibrations** (1210 Valencia St.), der Pornoladen für Frauen. Und so geht es weiter ... Die Entdeckerlust ist geweckt. Es bleibt kaum Zeit für einen gemütlichen Kaffee im **Muddy's** (zwischen 24th und 25th St.). Der 24th St. Richtung Mission St. folgen, vorbei an der **Mission Library,** an weiteren *murales,* am **Candle Light Shop** (3330 24th St.) mit Heiligenbildern, Rosenkränzen und Räucherbesteck. Jetzt ist das Herzstück des Viertels erreicht: die **Mission St.,** eine der Hauptgeschäftsstraßen, in denen das lateinamerikanische Leben brodelt. Märkte mit Bergen von Früchten und Gemüsen zu Spottpreisen, Taquerias und Bars, aus denen mexikanische Mariachi-Klänge auf die Straße schallen. Gegenüber vom **Mission Cultural Center** (2868 Mission St.) mit seiner Galerie im ersten Stock befindet sich das bekannte Lokal **La Taqueria** (s. S. 35).

Nun beginnt das Shopping. Die Taschen (2423 Mission St.) sind fast $ 10 billiger als in Chinatown. Im Plattenladen **Ritmo Latino** (s. S. 48) gibt es alles, was das Salsa-Herz begehrt. Verliebte werden in der Grupos Romanticos-Abteilung fündig. Und was hat denn der **Greek Import** (2365 Mission St.) mit seinen Harzweinen, Olivenölseifen und griechisch-orthodoxen Kultgegenständen hier verloren?

Man nimmt nun bewußter wahr, wie vielfältig die Gesichter sind: Asiaten, Südamerikaner, europäische Immigranten – alles ist in diesem Schmelztiegel vertreten. Langsam bis hinunter zur 16th St. schlendern und kurz vor der 17th St. links in die Clarion Alley abbiegen, wo jüngere Künstler seit 1993 die Wände mit modernen *murales* bemalen. Das einfache salvadorianisch-mexikanische **Panchita's Restaurant** (3091 16th St., Tel. 431-4232) serviert köstliches Essen und lockt zum entspannenden Abschluß des Spaziergangs mit *quesadillas*, mit Käse gefüllten Fladen, und Bier aus El Salvador.

Bunt, plakativ und oft sehr tiefgründig: *murales* in der Clarion Alley

Extra-Tour 3

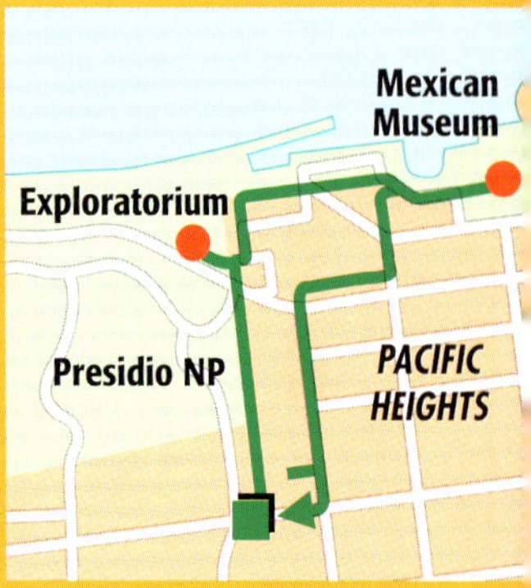

Holztreppen und -wege – San Francisco von oben

Ein bißchen Anstrengung muß mögen, wer San Francisco über die Treppenwege erkundet. Mehr als 350 existieren, verteilt über die Stadt mit ihren 43 Hügeln. Von der Höhe hat man ungewöhnliche Aus- und Einblicke. – 26 weitere Treppenspaziergänge beschreibt Adah Bakalinsky in dem hervorragenden Buch »Stairway Walks in San Francisco« (Wilderness Press Berkeley, 1995) – ein guter Tip für die, die Spaß an den steilen Aufgängen gefunden haben.

Startpunkt des Spaziergangs ist **Pacific Ave./Ecke Lyons St.,** mitten im vornehmen Pacific Heights mit seinen Millionärsvillen. Der Ausblick auf die Bay, auf das blaue Meer, an klaren Tagen bis auf die kahlen Berge auf der anderen Seite der Bucht, wo Sausalito liegt, ist bezaubernd. Der leichteste Teil der Tour kann beginnen. Die Treppen hinunter, zwischen den Häusern hindurch, an der Mauer des **Presidio** (s. S. 75f.) entlang. Dieser Treppenweg wurde 1916 von Louis Upton entworfen und von den Anwohnern selbst bepflanzt. Vor dem Haus mit der Nummer 2460 befindet sich ein historischer Garten mit Kandelabern und verziertem Mauerwerk. Weiter unten, an der Ecke zur Green St., stehen **Redwood Trees,** eine Seltenheit in der Stadt. Schließlich erreicht man das **Palace of Fine Arts** (s. S. 70f.). Dieser Gebäudekomplex ist das letzte Überbleibsel der Panama-Pazifik-Weltausstellung von 1915, die anläßlich der Einweihung des Panamakanals stattfand. Inspiriert von Arnold Böcklins »Toteninsel« und römischen Ruinen gestaltete der Architekt Bernhard Maybeck diese architektonische Phantasie, mit den weinenden Nymphen als Säulenabschluß. Lange dem Verfall preisgegeben, wurde der Komplex erst 1959 restauriert und dient heute als beliebter Hintergrund für Hochzeitspaare. Seit 1969 befindet sich hier das **Exploratorium** (s. S. 70f.), das zu einer angenehmen und lehrreichen Unterbrechung der Tour einlädt.

Nun den Marina Blv. überqueren, und schon ist das Ufer der Bay mit Blick auf die **Golden Gate Bridge,** die Insel Alcatraz und das gegenüberliegende Sausalito erreicht. Segelschiffe und der ein-

»Do you want to marry me?« – »Yeah!« – Nach dem Eheversprechen lassen sich Hochzeitspaare gerne vor dem Exploratorium ablichten

und ausfahrende Schiffsverkehr lassen sich von hier aus beobachten. Entlang dem **Marina Blv.** führt die Tour – weg von der Brücke und nun ganz ohne Treppen – Richtung **Fort Mason,** in dem sich das **Mexican Museum** (s. S. 75) befindet. Vorbei an joggenden und radelnden Marina-Bewohnern, die in diesem beliebten und ruhigen Wohnort der Yuppies San Franciscos leben, auch wenn er als einer der unsichersten bei einem Erdbeben gilt. Man befindet sich auf künstlich gewonnenem Land, das bei einem Beben wenig Standfestigkeit besitzt. In der **Fillmore St.** lassen sich die hier typischen Architekturstile gut beobachten, vor allem der beliebte spanische Stil. Von architektonischem Interesse ist auch die schneeweiße **Marina Middle School** aus dem Jahre 1936/37 mit ihren hochstilisierten griechischen Säulen und Tierköpfen. In die **Chestnut St.** nach rechts abbiegen. Das Straßenleben wird in dieser Hauptgeschäftsstraße mit den verschiedensten Restaurants, Cafés und Läden wieder lebendiger. Man kann hier gut eine Pause einschalten, herumflanieren und einen Blick in die Nebenstraßen mit den akkurat geschnittenen Zierbäumen vor den Häusern werfen.

An der **Broderick St.** heißt es Abschied nehmen von dem gemütlich flachen Teil dieses Spaziergangs. Steil steigt die Straße den Hügel hoch, überquert die Vallejo St. und mündet in einen weiteren Treppenweg. Bald schon wird man für die Anstrengung belohnt, denn der Ausblick nimmt wieder Postkartenniveau an. Oben angelangt, am **Broadway,** stehen luxuriöse Anwesen der unterschiedlichsten Stilrichtung. Die Nummer 2800 ist 1907 von Willis Polk im englisch-jakobinischen Stil erbaut, gegenüber liegt ein Haus mit korinthischen Säulen, weiter rechts schließlich ein hypermodernes Haus, das an Filme Jaques Tatis erinnert. Weiter die Broderick St. hoch, und die Pacific Ave. ist wieder erreicht. An der Ecke stößt man auf das komplett renovierte **The El Drisco Hotel** (2901 Pacific St.). Es wurde 1903 erbaut und ist eines der ältesten in der Stadt. Nur wenige Schritte noch und der Ausgangspunkt der Tour an der Lyon St. ist erreicht.

Extra-Tour 4

Die Schattenseite der Bilderbuchstadt – das lebendige und ›sperrige‹ SoMa

Nach den Vorbildern Londons und New Yorks bezeichnet das Kürzel ›SoMa‹ die geographische Lage dieses Stadtteils: **So**uth of **Ma**rket. Auf den ersten Blick ist es weniger attraktiv als andere Viertel San Franciscos, die pittoreske viktorianische Häuser und Panoramaausblicke auf die Bay zu bieten haben. Das flache Gebiet ist industrialisiert und teilweise recht häßlich. Und dennoch zieht es Künstler, Studenten und Nachtschwärmer an, die es langsam, aber sicher zu einem lebendigen Stadtteil machen – vor allem nachts.

Startpunkt ist die **Market St.**, dann in die New Montgomery St. einbiegen. Die Nr. 2, das **Sheraton Palace Hotel**, wurde 1875 erbaut und nach dem Brand 1906 wieder aufgebaut. Die riesige, mit Stuck verzierte Halle spiegelt den Glanz des 19. Jh. Der bunte Glasdom überwölbt das luxuriöse Restaurant, das man sich unbedingt ansehen sollte. In der New Montgomery St. 140 steht ein weiteres Architekturdenkmal, das **Pacific Bell Building** aus dem Jahre 1925, entworfen von Timothy Pflueger – der erste Wolkenkratzer im Zentrum San Franciscos. Die Art déco-Eingangshalle lohnt ebenso wie das kleine Museum (Di–Do 10–14 Uhr, Tel. 542-0182) einen Blick.

In die Howard St. rechts einbiegen. An der Ecke zur 3rd St. liegt das **SFMOMA** (s. S. 71, 76), der moderne Museumsbau von Mario Botta. Das gegenüberliegende **Yerba Buena Center** lockt mit Theater, Ausstellungshallen und einer großen Rasenfläche, von der aus man einen guten Blick auf die Skyline von Downtown hat. Die 3rd St. führt nun von der Market St. weg. Man überquert die Harrison St. und verläßt allmählich die Wohn- und Geschäftsgegend. Nach der Highway-Unterführung wird die Umgebung immer industrialisierter. Hier gibt es Factory Outlets (s. S. 49) und andere Großgeschäfte wie die **Discount Fabrics** (501 3rd St., Tel. 495-5337), die von Seide bis zu Stoffen mit dem Konterfei von Elvis Presley alles führen, was ein Schneiderherz begehren kann. Gegenüber befindet sich **Picture**, eine der vielen Kunstgalerien in der Ecke. Ein Stückchen weiter stößt man auf den friedlichen, schattigen **South Park**. Eingerahmt von kleinen Geschäften und Cafés, wie dem **South Park Café** und dem **Caffe Centro,** die auf angenehmste Weise zum Verweilen einladen. Man glaubt sich plötzlich nach Paris versetzt. Auf der 3rd St. verführt u. a. das **Tower Outlet** (660 3rd St., Tel. 957-9660) mit seinen wild zusammengewürfelten CDs zum Billigeinkauf. Der Straße bis zum Ende folgen – dem Ende der Stadt, wie es den Anschein hat. Eine riesige schwarze Ziehbrücke aus dem Jahre 1933 überquert die Mission Creek Marina im **China Basin**, der Hafengegend mit Lagerhallen und Löschvorrichtungen. Nach dem Zweiten Weltkrieg wurde der Hafen zum größten Teil geschlossen, die Gegend verkam. Vor der Brücke biegt die Berry St. links ab. Bürgersteige sucht man vergeblich. Ein kurzes Stück noch geradeaus, bis zum Eingang des **South Beach Harbour**, der Marina der Segelyachten. Dort liegt ein altes, 1862 in Bordeaux gebautes Schiff im Dock, das eine bewegte Geschichte hinter sich hat. Einst wurde es von Jules Verne gechartert, später, im Ersten Weltkrieg, diente es als Spionageschiff und nach 1950 als Filmkulisse für zahlreiche Hollywood-Streifen wie »Moby Dick« oder »Meuterei auf der Bounty«. Heute befindet sich das **The Sailing Ship Restaurant** (Tel. 777-5771) in den historischen Kajüten. Nun geht es am Wasser entlang. Mit viel Mühe wurde hier eine Promenade errichtet, mit Palmen und Bänken. Allerdings ist die Gegend noch immer etwas menschenleer. Ein Entwicklungsgebiet, trotz spektakulärer Lage und luxuriöser Neubauten. An der Promenade stehen mehrere Denkmäler, u. a. für die Lachsfischereiflotte. Ein Kriegsschiff aus dem Zweiten Weltkrieg, die **›S.S. Jeremiah O'Brien‹** (Tel. 441-3101, tgl. 9–16 Uhr), liegt am Ufer verankert.

Der Spaziergang führt unter der **Bay Bridge** hindurch, mit guter Sicht auf die für damalige Zeiten geniale Konstruktion, die heute aber als nicht mehr erdbebensicher gilt und in naher Zukunft ersetzt werden soll. An der Ecke Steuart und Mission St. steht das 1889 gebaute **Audiffred Building**, das einzige Gebäude, das den Brand von 1906 überstand. In seinen Mauern ist das luxuriöse Restaurant **Boulevard** (Tel. 543-6084) untergebracht. Aus dem Jahre 1939 stammt das denkmalgeschützte **Rincon Center**, das ein Stück weiter die Straße hinunter liegt. Interessant sind im Inneren die Wandmalereien und die noch erhaltenen Schalter der ehemaligen Post. Am **Embarcadero,** am Ende der Market St., endet die Tour – und auch das Viertel SoMa.

Trostlosigkeit – auch eines der Gesichter von SoMa

Extra-Tours

»Tales of the City« – das ›Montmartre‹ San Franciscos

Mrs. Madrigal könnte noch immer ihre Joints rollen und Mary Ann im Fernsehen ihre Karriere anheizen, hätte ihr Schöpfer Armistead Maupin nicht einen Schlußstrich gezogen. »Tales of the City« heißen die Storys, die seit den späten 70er Jahren des 20. Jh. nahezu zur Pflichtlektüre jedes San-Francisco-Reisenden gehören. Was den Figuren geschieht – die Irrungen, Wirrungen und Selbstfindungen – spiegelt sehr genau die Faszination und den Zauber wieder, den die Stadt seit jeher auf viele ausübt. Der Hintergrund für die Geschichten will ein poetischer sein …

Die ›Helden‹ leben in **Russian Hill** und **North Beach** – im ›Montmartre‹ San Franciscos. In der Taylor St., zwischen Green und Union St., führt eine steile Holztreppe zum **Macondray Lane** hoch, einem kleinen verwunschenen Weg, dicht umrankt von Hecken. Hier findet man das Vorbild für die berühmte Barbary Lane, den Wohnort von Mrs. Madrigal und ihren Untermietern aus den »Stadtgeschichten«. Das Haus selbst gibt es nicht. Doch, Buch hin oder her, hier gibt es ungewöhnlich Schönes zu entdecken.

Am Ende von Barbary, nein Macondray Lane, links die Jones St. hoch, erreicht man 999 Green St.: die **Summit Apartments**, in denen zwei der Protagonisten, Mary Ann und Brian, eine Zeitlang lebten. Links die Green St. bis zum Ende gehen, dann die Treppen hinunter, wo die Green St. weiter durch das friedliche Viertel mit seinen Häusern und phantastischen Aussichten führt. Links die Powell St. hinunter bis zum **Washington Square**, einem weiteren Schauplatz aus dem Buch. In diesem Park lernten sich Anna und Edgar kennen. Auf der anderen Seite des Platzes liegt die Kirche **St. Peter and Paul** (1922) mit ihren dunklen Glasfenstern, die den Innenraum kaum richtig beleuchten. So, als sollte jeder Lebensfreude Einhalt geboten werden. Die Filbert St. weiter Richtung Coit Tower. Hier haben die Freuden des Lebens den Flaneur wieder: An der Ecke Stockton St. lockt die **Liguria Bakery** (Mo–Fr 8–16, Sa 7–16, So 7–12 Uhr) mit der besten Focaccia in der Stadt. Wenn alles verkauft ist, wird

Macondray Lane: Vorbild der Barbary Lane in den »Stadtgeschichten«

der Laden auch früher geschlossen. Nun steigt die Filbert St. den Berg hoch zum **Coit Tower** (s. S. 70) mit seiner schönen Aussicht über Bay und Stadt. Ein Stückchen die Straße zurück, links den Eingang zu den **Filbert Steps** nicht verpassen. Nun geht es hinab, durch üppige Gärten mit Rosen und Bougainvillea, Palmen und dichtem Buschwerk.

1360 Montgomery St. Da steht es, das Art déco-Prunkstück aus dem Jahre 1936. Mit silbernen Reliefs und stilisierten Figuren. Hier wurde der Film »Dark Passage« mit Humphrey Bogart und Lauren Bacall gedreht. Über Holztreppen und -wege geht es weiter hinunter zum **Napier Lane**. Das Schild ist bis zur Unleserlichkeit von Pflanzen umrankt. Man wähnt sich inmitten einer Gartenstadt. Rosen und Farne wuchern kräftig. Eine kleine, von den Anwohnern selbst gezimmerte Bank lädt zum Ausruhen ein – vor allem diejenigen, die den anstrengenden Weg aufwärts gehen. Es ist angenehm ruhig. Nur von ferne hört man den Verkehr. Am Ende der Treppe stößt man auf die Sansome St., die am Rand des Financial District in ein altes Viertel führt, in dem sich die Antiquitätenhändler niedergelassen haben. Rund um die Jackson St. finden sich die elegantesten Geschäfte mit erlesenen und teuren Stücken. Die Gold St. rechts hinein. Eine alte Gasse, in der sich das schicke Restaurant **Bix** (Tel. 433-6300) befindet, das die Nightclub-Atmosphäre der 30er Jahre des 20. Jh. imitiert. **400 Jackson St.:** Das 1858 erbaute Gebäude ist ein weiterer Schauplatz der »Tales of the City«. Hier arbeiten Edgar, Beauchamp, Mary Ann und Mona.

Der Jackson St. weiter folgen, über Kearny St. und Columbus Ave. ist **North Beach** erreicht, das Viertel von Mrs. Madrigal und auch das der Beatniks. Die Poeten trafen sich im **City Light Bookstore** und betranken sich nebenan im **Café Vesuvio.** 373 Columbus Ave. schließlich befindet sich **Molinari's Italian Delicatessen.** Hier kauft Mrs. Madrigal ein.

Das ist das Viertel der 50er und 60er Jahre des 20. Jh., das seinen einstigen Charme trotz verstärkten Besucherandrangs nicht verloren hat. *Das* ist das San Francisco der »Tales of the City«.

Impressum/Fotonachweis

Fotonachweis

Jean-Claude Kuner, Berlin: S. 13, 26, 27, 31, 32, 34, 36, 42, 44, 47, 52, 53, 54, 56, 58, 59, 71, 85, 87, 89, 91, 93

Conrad Piepenburg/laif, Köln: Titelbild, S. 1, 2/3, 4/5, 6, 7 li., 7 re., 8/9, 20/21, 28, 39, 68, 69, 75, 76, 80

Jonn Rübcke, Hamburg: S. 10, 66, 67

Kartographie: Berndtson & Berndtson, Productions GmbH, Fürstenfeldbruck

Alle in diesem Buch enthaltenen Angaben wurden vom Autor nach bestem Wissen erstellt und von ihm und dem Verlag mit größtmöglicher Sorgfalt überprüft. Gleichwohl sind inhaltliche Fehler nicht vollständig auszuschließen. Ihre Korrekturhinweise und Anregungen greifen wir gern auf. Unsere Adresse: DuMont Buchverlag, Postfach 101045, 50450 Köln. E-Mail: reise@dumontverlag.de

Die Deutsche Bibliothek – CIP-Einheitsaufnahme

Kuner, Jean-Claude:
San Francisco / Jean-Claude Kuner. - Ausgabe 2000
- Köln : DuMont, 2000
(DuMont Extra)
ISBN 3-7701-5143-7

Grafisches Konzept: Groschwitz, Hamburg

Druck: Rasch, Bramsche
Buchbinderische Verarbeitung: Bramscher Buchbinder Betriebe
ISBN 3-7701-5143-7